謹以此書獻給我們心中脆弱的力量、

溫柔的敏感、

強烈的羞澀以及不為人知的內涵。

大好時光 92
這個世界需要敏感的你
給內向者的生存之道，停止情緒內耗，接納真正的自己
Sensitive: Why the world badly needs thin-skinned INTROVERTS

國家圖書館出版品預行編目資料

這個世界需要敏感的你：給內向者的生存之道，停止情緒內耗，接納真正的自己／蘭卡・布雷茲（Lenka Blaze）著；呂玉嬋譯. -- 初版. -- 臺北市：日月文化出版股份有限公司，2025.04；176面；14.3 x 20公分. -- （大好時光；92）譯自：Sensitive: Why the world badly needs thin-skinned INTROVERTS　ISBN 978-626-7641-26-2（平裝）1. 自我實現 2. 生活指導 177.2 114001813

作　　　者：蘭卡・布雷茲（Lenka Blaze）		地　　　址：台北市信義路三段151號8樓	
譯　　　者：呂玉嬋		電　　　話：(02) 2708-5509　傳　　　真：(02) 2708-6157	
主　　　編：藍雅萍		客服信箱：service@heliopolis.com.tw	
封面設計：之一設計工作室		網　　　址：www.heliopolis.com.tw	
美術設計：之一設計工作室		郵撥帳號：19716071 日月文化出版股份有限公司	
發 行 人：洪祺祥		總 經 銷：聯合發行股份有限公司	
副總經理：洪偉傑		電　　　話：(02) 2917-8022　傳　　　真：(02) 2915-7212	
副總編輯：謝美玲		印　　　刷：禾耕彩色印刷事業有限公司	
法律顧問：建大法律事務所		初　　　版：2025年4月	
財務顧問：高威會計師事務所		定　　　價：380元	
出　　　版：日月文化出版股份有限公司		ＩＳＢＮ：978-626-7641-26-2	
製　　　作：大好書屋			

Sensitive Written and illustrated by Lenka Blaze Originally published by Blaze.je, 2022
Written and illustrated by © Lenka Blaze, 2022 published by arrangement with Albatros Media a.s, Czech Republic www.albatrosmedia.eu through BIG APPLE AGENCY, INC., LABUAN, MALAYSIA. Traditional Chinese edition copyright: 2025 HELIOPOLIS CULTURE GROUP CO.
All rights reserved.　◎版權所有・翻印必究　◎本書如有缺頁、破損、裝訂錯誤，請寄回本公司更換

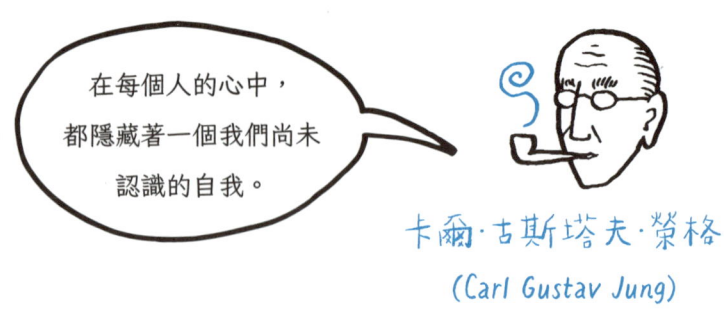

這本書專為敏感的內向者而寫，旨在幫助我們相信自身的內在力量與價值，並賦予我們展現這些力量與價值的勇氣。
同時，它也是為其他人而創作，
讓他們能夠短暫體驗我們的世界，進而理解我們的感受。
我希望內向和敏感能被視為優點和天賦，並受到讚賞。

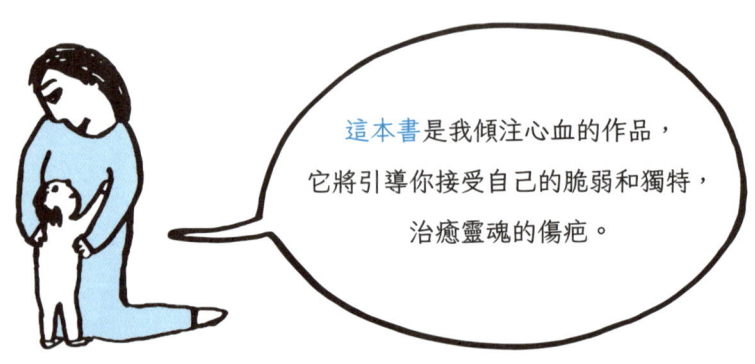

膽怯的目錄

害羞的前言 6

不確定的章節

① 把自我批評視為理所當然 . . . 20
② 感受和陷阱 32
③ 內向性格 50
④ 高敏感 70
⑤ 脆弱的情境 86
⑥ 不說話 98
⑦ 世界上著名的內向者&敏感者 110
⑧ 我們的情感關係 126
⑨ 獨處、安靜以及我們的資源 . 134
⑩ 如何發揮我們的天賦 152

害羞的結語 166

害羞的前言

請容我先做個自我介紹。

我叫蘭卡,過著平凡的成年人生活。

我正在探索自己的旅途中。我喜歡在內心世界旅行,

並且在感到有足夠的勇氣時,與他人分享我的發現。

偶爾,我會潛入海洋深處;偶爾,我會在泥濘中艱難跋涉。

雖然旅途充滿挑戰,但我知道這段過程也帶給我豐富的收穫。

如果沒有屬於自己的內心天地,我將無法在外面的世界立足,

因為我既敏感又內向。

當我們形容一個人內向，似乎是在貶抑他，

彷彿這個人不善言辭、難以相處。

事實並非如此，而這也正是本書要探究的主題。

敏感和內向是難以隱藏的重要性格特徵，

我一生都在學習如何與它們共處。

有時，我覺得它們是珍貴的禮物，有時又覺得是一種負擔。

在這幾年的個人危機中，我已經能夠深入探索自己

的各種情緒、感受以及如影隨形的陰影。

這些情感很難逃避，也很難控制，但當我把它們寫下來，

它們彷彿就失去了力量，讓我能更從容地面對。

在我的記憶中，從小到大，我經常悶悶不樂，

尤其懷抱著一種幾乎時時刻刻存在的

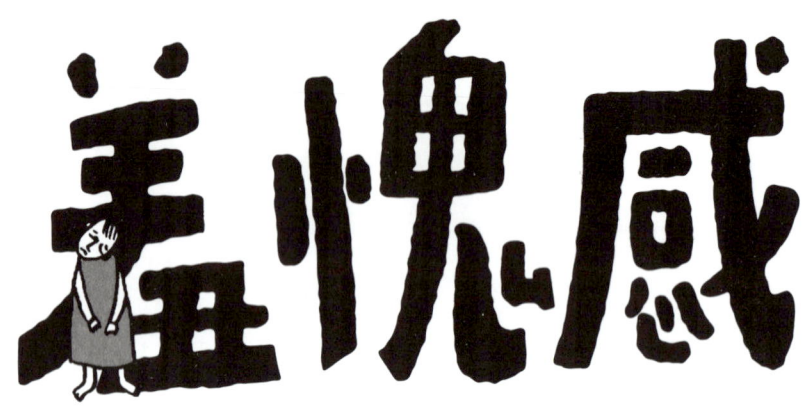

這些情緒反覆出現，像膠水一樣黏在身上。

如今，在某些情況下，我依然會感到尷尬、不知所措、

格格不入或缺乏安全感。

小時候，我很害羞，也很敏感，覺得這個世界好奇怪。

我想我就是天生如此吧……

但我的內心有時非常痛苦，

尤其是在青春期，我不只以為自己有問題，

甚至還認為自己又古怪又噁心，為此責怪自己。

但為什麼呢？

> 我是怪胎嗎？

> 如果我是怪胎,那麼探索奇怪的情緒和討厭的感受,會不會使我變得更加異類呢？

以前,我常因為敏感和內向而感到困擾,
希望自己臉皮能變厚一點,
這樣就不會受到任何傷害。
我不知道該如何面對當時的困境。

> 世界有時好殘酷。

我試著融入群體，讓自己變得隱形。表面上，我像模範生一樣乖巧聽話。我希望討人喜歡，也想保護自己，免得這個世界對我的不同和敏感產生偏見。

但是真正的我呢？
那個活潑、率性、有創意的我……

我在書中找到了安全感。

我熱愛閱讀,閱讀讓我在想像的世界中遨遊。
我的成長路上,書籍成了我的救星,守護著我。

我爸爸替許多書做平面設計,是他帶我走進書籍
的天地。當時,我們全家住在一間小小的公寓,
有一個大大的書櫃,裡面塞著滿滿的書。

10歲那年,我父母離婚了。親愛的爸爸搬走了,
媽媽非常傷心。而我不知道究竟發生了什麼事,
只是把所有不愉快的情緒都憋在心裡,
免得讓爸媽心情更糟。
我感到好孤單、好寂寞。

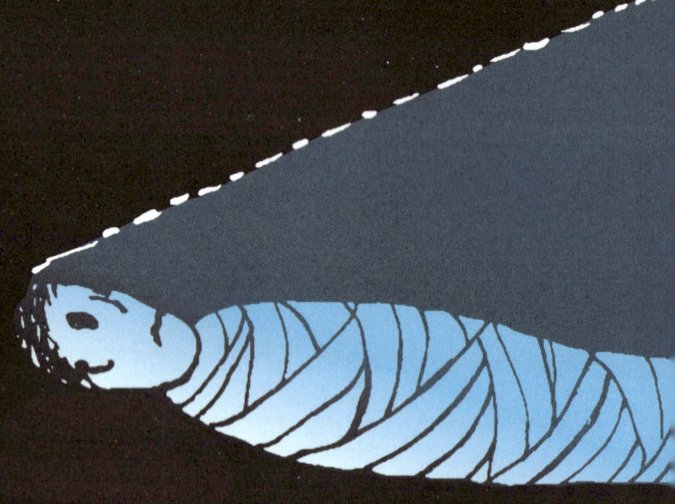

進入青春期後,大部分的時間我都躺著不說話,
只是看電視,自己照顧自己。當時手機還沒問世。
由於情緒極度低落,我不但封閉自己,還厭惡自己的身體、
厭惡自己的憂鬱,甚至厭惡自己。
從女孩變成女人的過程讓我感到恐懼,
覺得被排擠、被拋棄,覺得沒人愛我。

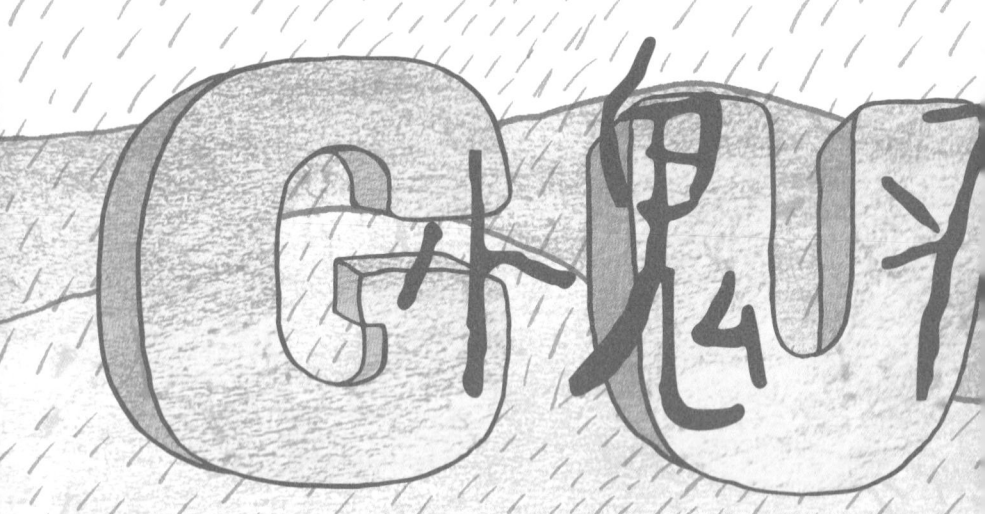

在冰冷情感的荒原上

那段日子我不大說話——我不知道如何開口，也許這就是我把怒氣發洩在自己身上的原因。

我可能認為父母離婚是我的錯。

我那無邊無際、抽象無形的愧疚感，可能就是從那時滋生的，從此我再也無法擺脫這種感覺，彷彿任何事都是我的錯。有很長一段時間，我不明白這些情緒的根源，而今回憶起那段奇異的時光，這種感覺偶爾會再次湧現⋯⋯

即使到了現在，遇到困難時，我仍舊習慣先責怪自己。

因此，我必須時時提醒自己，

痛苦和無力感不屬於現在的我，而是過去的回聲。

爸爸在多年前拋下了我，但這不代表當我和丈夫起爭執時，

他可能會離開我。如果我某件事做得不好，不代表我一無是處，

世界末日也不會因此降臨。我學習聆聽理性的聲音。

但有時我的內心會妨礙我……

15

敏感和內向的人，時常

動作遲緩

甚至感到 **身體僵硬**

遲鈍　無力　感覺陷入困境

十幾歲的時候，我感覺自己像是被凍僵了好幾年，也常常覺得背痛。爸爸帶我去看了很多醫生，醫生建議我多躺著休息，盡量避免活動，於是我不用上我討厭的體育課，反正我的身體和聲音也不聽使喚，無法按照老師的指示行動。幸好，後來我學會了享受運動的樂趣。

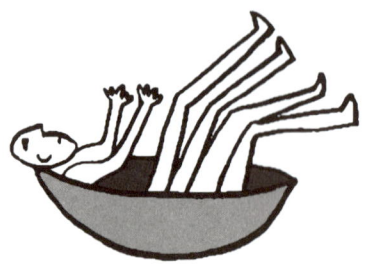

有些野生動物在受到威脅時會「裝死」，全身僵硬，假裝斷了氣。有時我仍然會因為焦慮而僵住，無法理性思考。

我經常在事後才會想到自己
應該說什麼或做什麼。
你也有這樣的情況嗎?

我14歲那年,爸爸突然過世了。那是1989年1月,日後被稱為「帕拉赫紀念週」的那個月。爸爸沒有活著見證革命的到來。

那是爸爸第二次離開我,不過當時我正在一所很棒的藝術學校就讀,那裡每個人都和我一樣古怪。

那年秋天,我生平第一次約會。一個月後,「天鵝絨革命」爆發,在那個令人欣喜若狂的時刻,我的人生也進入幸福的新篇章。

18

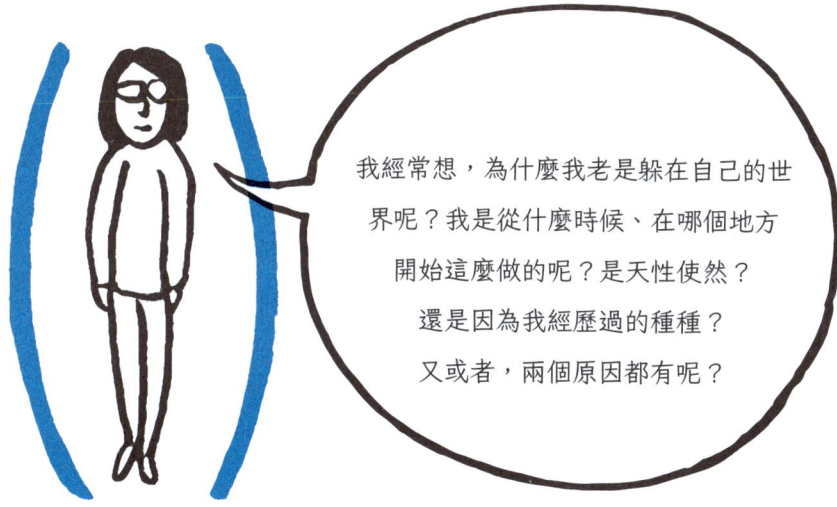

我經常想,為什麼我老是躲在自己的世界呢?我是從什麼時候、在哪個地方開始這麼做的呢?是天性使然?還是因為我經歷過的種種?又或者,兩個原因都有呢?

敏感內向的個性可能與生俱來,但也可能受到後天環境的影響。爸爸曾經給予我無數的關愛、培養我對書本的興趣,但同時也為我帶來很多的傷害。如今,身為成年人,我明白他很愛我、他是個好人,只是生活過得不如意。然而,我內心那個害羞的小孩仍然無法釋懷,依舊困在過去。

我寫這本書,就是想找到那個孩子,呼喚她回來。我要接納她,我更要告訴她,她已經到達了正確的地方。

我想與她在一起,擁抱她,永遠陪伴著她⋯⋯

如果你或你身邊的人也面臨類似的困境,請與我一同探索⋯⋯

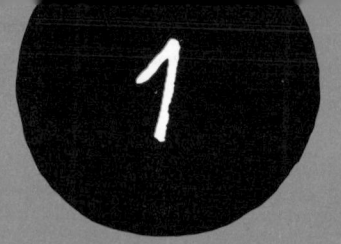

把自我批評
視為理所當然

總是做出消極的判斷

「沒有人可以在你不同意的情況下讓你感到自卑。」
艾蓮娜・羅斯福 Eleanor Roosevelt

即使面對最好的朋友，也會變得無言。

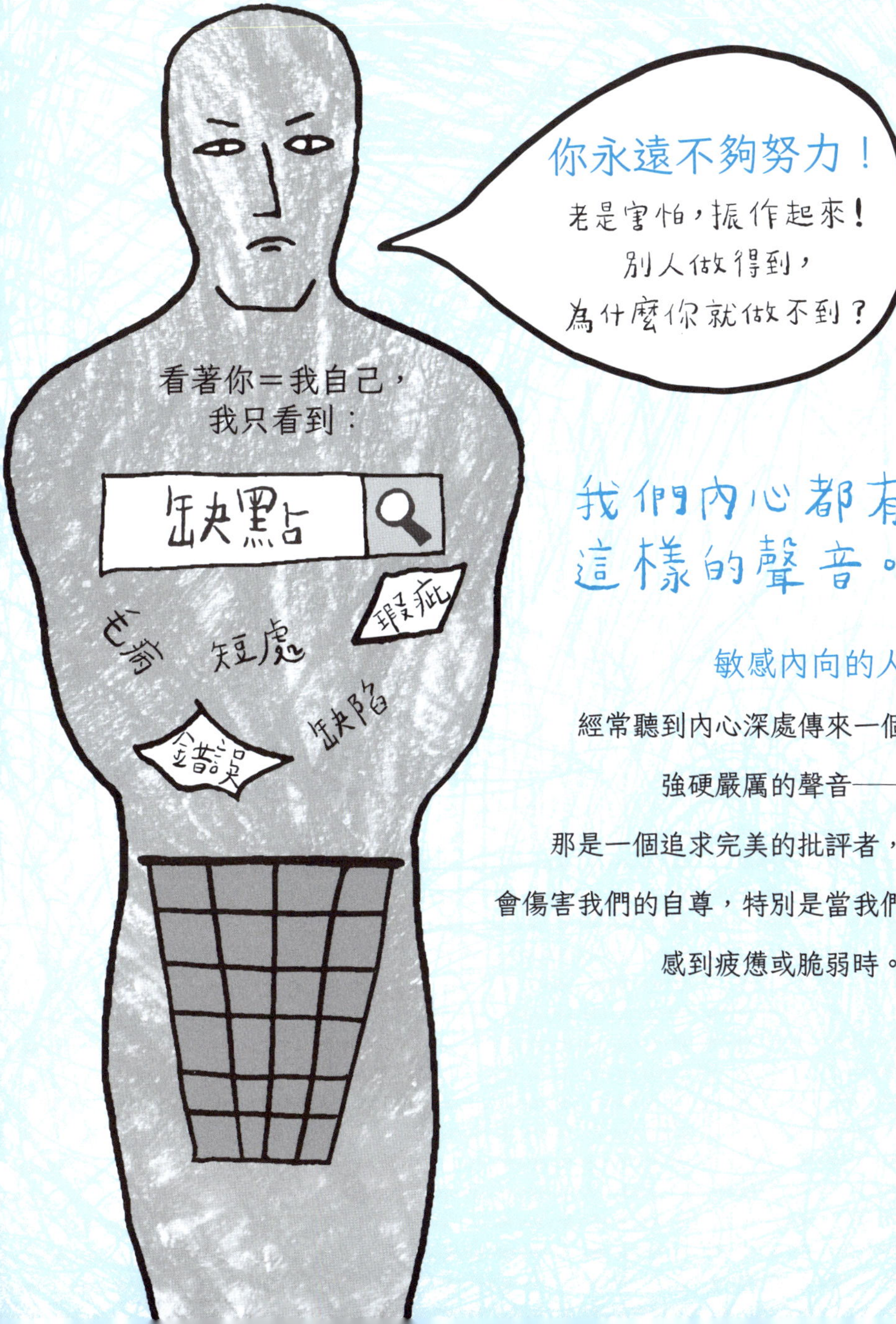

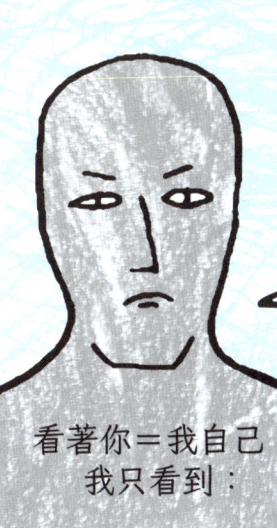

你永遠不夠努力！
老是害怕，振作起來！
別人做得到，
為什麼你就做不到？
看著你＝我自己，
我只看到：
缺點
瑕疵
毛病
短處
缺陷
錯誤

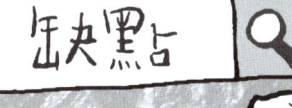

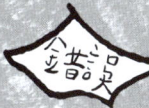

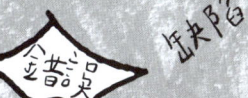

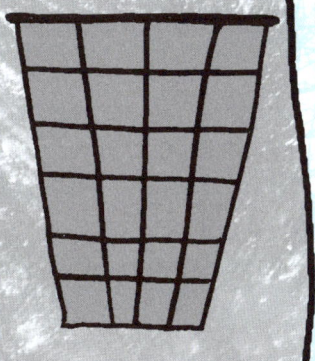

我們內心都有這樣的聲音。

敏感內向的人

經常聽到內心深處傳來一個

強硬嚴厲的聲音——

那是一個追求完美的批評者，

會傷害我們的自尊，特別是當我們

感到疲憊或脆弱時。

你也有過這樣的經驗嗎？

小時候，某些人的言行在我心中留下深刻的印象，深深影響了我。我無法抵抗，開始相信他們對我的評價……

別人批評我之前，我先批評自己

我害怕衝突，努力不引起他人的注意，所以受到的辱罵不多。
然而，我的恐懼逐漸在內心變成一個批評者，
他的指責更加尖銳，對我毫不留情。
提前自我批評成了一種自我保護的方式。
比起惡意的評論，更讓人難受的是沉默，
這種沉默讓我覺得沒有人關心我，自己毫無價值。

你也聽過這些毫無幫助的話嗎？

為什麼這麼害羞？

耳根不要這麼軟好嗎！

說話啊！

有什麼好擔心的？

閉嘴！

你怎麼了？

你不該那樣想……

你這是小題大作。

你需要鞭策自己！

什麼？！你說說話啊！

多餘的建議、言語和指示

當我們心情低落時，
別人以這種方式表達的善意對我們並沒有幫助。
事實上，這讓我們更加難受，於是我們覺得更加……

我們總是設法迎合他人，不敢表達不同的意見。
更糟糕的是，我們會將外界的聲音內化，
以同樣的方式斥責自己。

遭受批評或得到讚美時的感受

注重細節

當心,不要落入完美主義的陷阱!敏感內向的人對細節非常在意,自我審查就是其中一種行為。有時這是好事,有時則未必,這取決於我們目前關注的重點。我們必須小心翼翼,以免走火入魔……

有時,我會用放大鏡檢查自己的缺失;有時,甚至像是使用最先進的電子顯微鏡。

認識自己,
但不必鑽牛角尖!

認識自己,而不是
批評自己!!!

我眼中的自己：
我的自我形象和
自我評價。

我以他人的
標準來評斷自己。

我貶低自己。

我感覺自己
來自另一個
星球。

哈哈鏡

殺傷力強大的比較

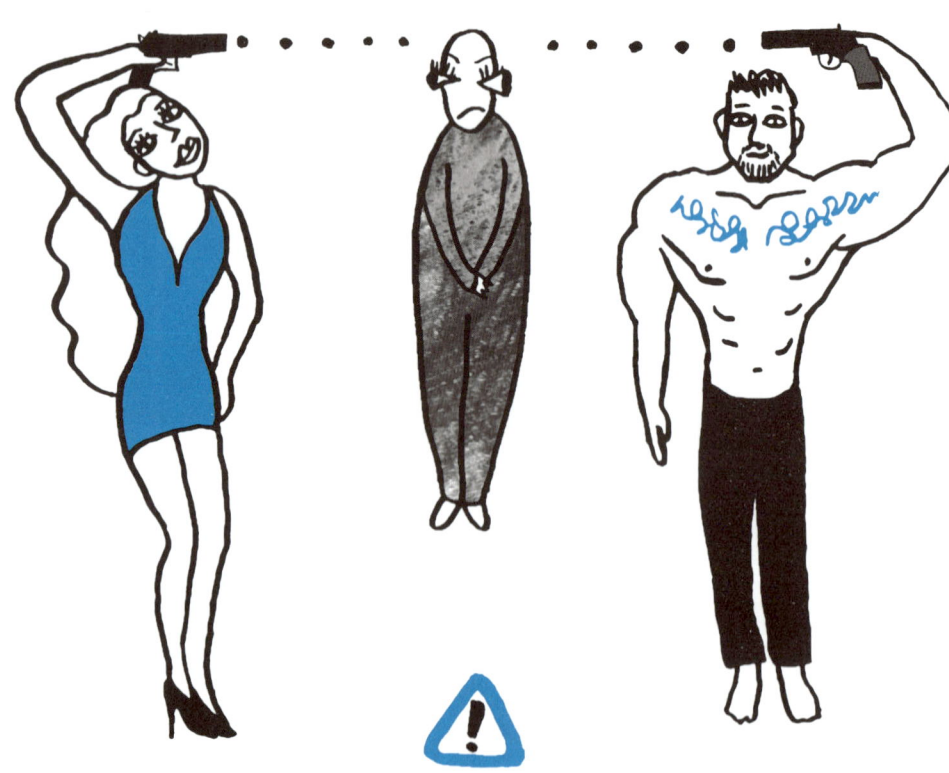

總是有人比我們更好、更美、更聰明、更成功。

當心偶像崇拜。從最原始的意義來說，偶像是一個被崇拜的形象。

我們真的需要一個崇拜的對象嗎？

陷入沮喪

和別人比較時,我總是覺得自己一無是處。廣告和社群媒體又不斷轟炸我們,灌輸脫離現實的形象,告訴我們應該如何看待自己、應該擁有什麼與做什麼。我不想再折磨自己,我要對自己好一點,你呢?

我一直很喜歡畫畫,
尤其是小時候。
但是進入藝術大學後,我便不再提筆了,
因為我會忍不住拿自己和別人比較,
這讓我感到沮喪。我當時以為,
如果我畫得不夠好,就不配繼續畫畫。

有時，
你必須讓內心那個批評的聲音閉上嘴⋯⋯

感受
緊張、壓力重新振作
和陷阱
障礙、屏障、路障、牆壁、阻礙

「認識自己……」、「凡事適度……」
刻在阿波羅神廟入口上方的箴言

在這一章中，我探索各種感受、情緒和大腦中的陷阱。探索之後，我彷彿得到了安慰。

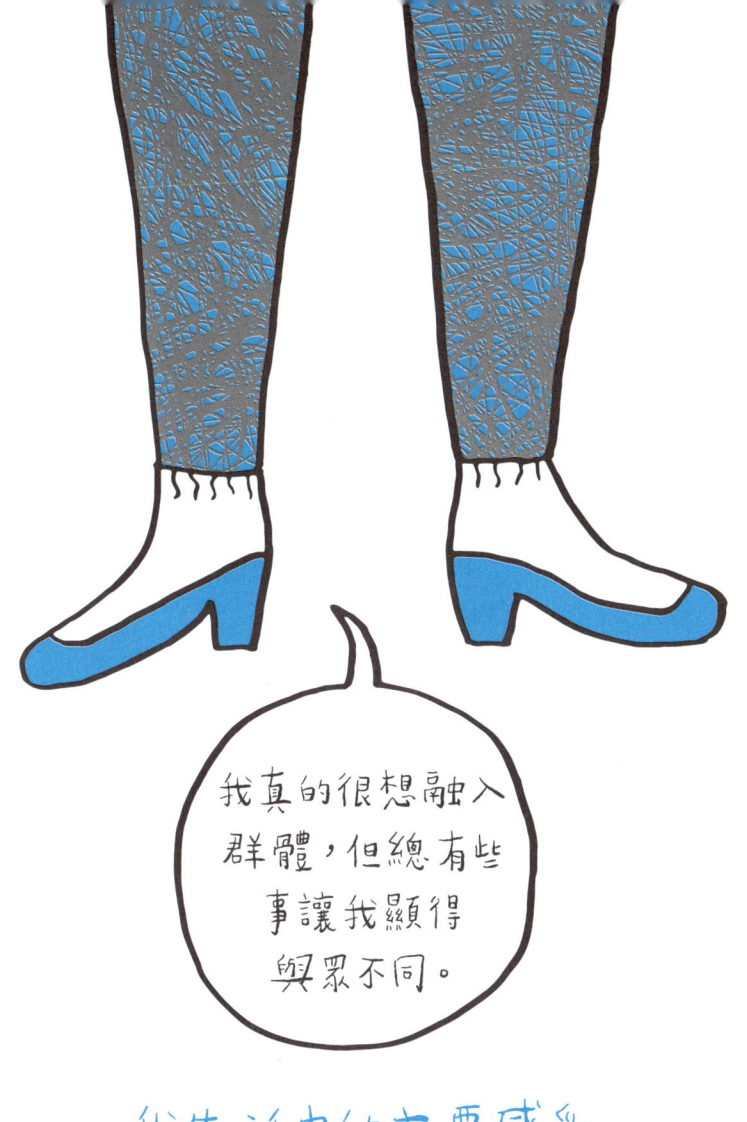

我生活中的主要感受

從小到大,我總覺得自己跟別人格格不入,
即使再努力也無法改變!
你有過類似的感受嗎?

一半的我想要成功，
奮力達成目標……

我要成為最棒的！

另一半的我渴望自由、享受生活，或者放鬆心情，什麼都不做。

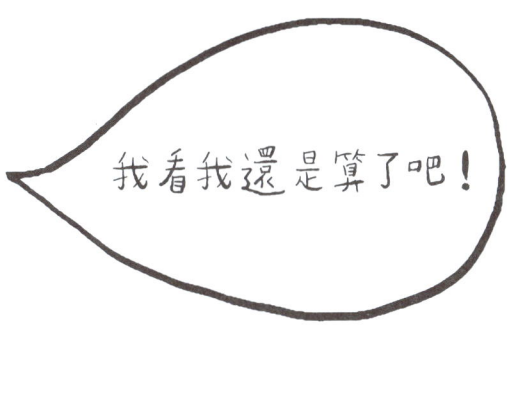

外面的世界

有時,外面的世界看起來十分可怕;

有時,是我對自己的苛求傷害到自己……

定期的低潮

低潮是我的日常,每個月都會經歷一回。
情緒低潮經常與我的生理週期和荷爾蒙變化有關,
也受到月相、天氣和季節的影響。
面對情緒低潮並不容易。

然而,
有低潮必有高潮,
這點非常重要,
請牢記在心……

在情緒的深淵中輾轉反側……

我們有無窮無盡的方式
和無邊無際的思考讓自己感到

低落

情緒潰堤 　　　鬱鬱寡歡 　　　喪失信心

格格不入 　　　焦慮難安

芒刺在背

心情沉重

齜牙咧嘴

覺得噁心

承載過重

步步留心

戰戰兢兢

自怨自艾

掏空自信

戴著面具

我感覺自己

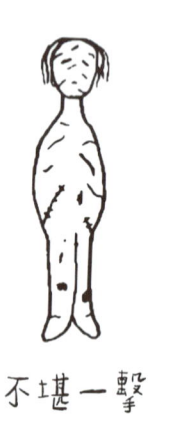

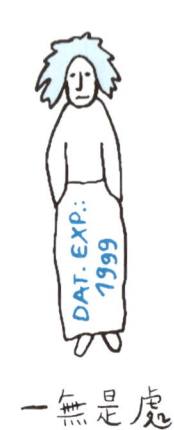

支離破碎

千瘡百孔

任人宰割

不堪一擊

受制他人

一無是處

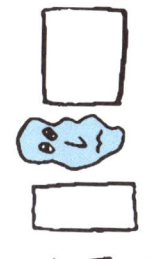

滿腹苦水	極度壓抑	暴躁易怒
脫離現實	處處碰壁	備受壓迫
消耗殆盡	毫無價值	可有可無

動彈不得 　　　自我中心 　　　心態扭曲

精疲力盡 　　　迷失方向 　　　孤高冷漠

累垮了

被拋棄了 　　　累得像條狗

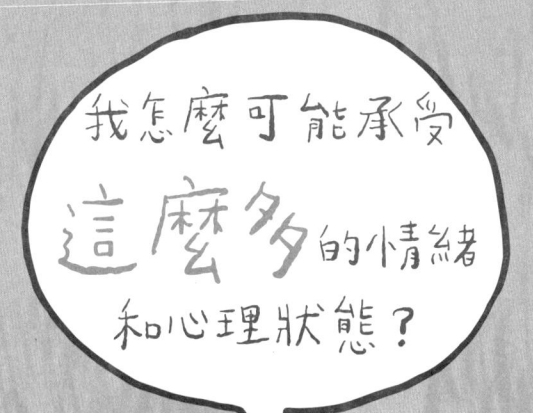

我怎麼可能承受**這麼多**的情緒和心理狀態?

我們有著豐富的情感,這是我們了解自己和周圍世界的方法,所以不必故作堅強。

你怎麼了？

沒什麼，我只是感覺到有壓力。

你有過這樣的經驗嗎？

想得太多

想到大腦當機了

當我情緒低落，不知道原因，也看不到出路時，我會不停地思考、一想再想。結果越想越糟糕……

大腦中的陷阱

你也有嗎？

在最糟糕的時候,

我彷彿搭乘電梯,一路往下,

深入心靈地獄,

來到我最奇怪狀態的深淵,

覺得自己是世上最孤獨、

最被忽視的人。

每當遇上這種時刻,

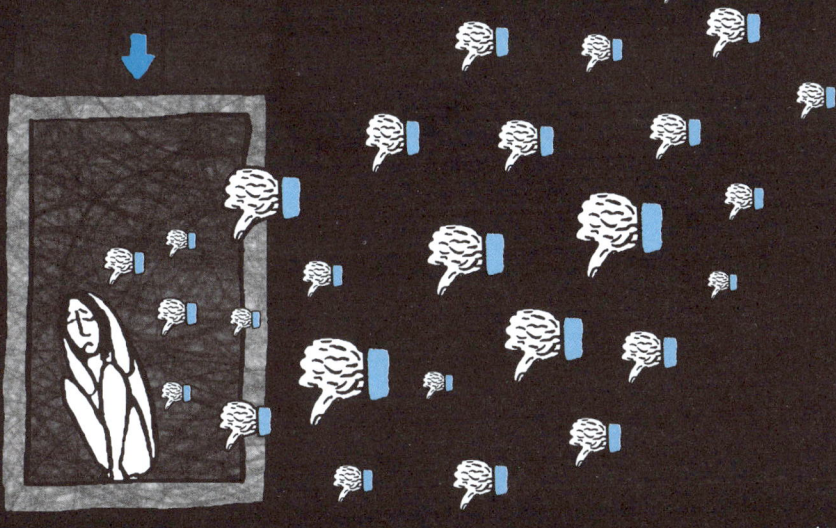

我都認為這樣的感覺永遠不會消失。

我們的
惡性循環

我陷入了惡性循環，內心充滿懷疑。我開始問自己，當這本書真的有意義嗎？如果有人買了卻不喜歡呢？如果讀了也覺得不好呢？如果覺得內容沒有用怎麼辦？如果覺得內容很無聊怎麼辦？如果沒人閱讀怎麼辦？如果？如果？

可靠又有效的防身祕訣

盡量不去感受。

自我麻痺，呆若木雞

躲藏起來，封閉自我

哎呀！這個面具好癢！

戴上面具

裝出狠勁

我好可憐。

扮成無助的受害者

在別人批評自己之前，先批評自己

3

內向性格

「向外看的人,做著夢;
向內看的人,醒著。」

卡爾・古斯塔夫・榮格

即使你不是內向的人,你身邊也一定有內向的親友,因為每3個人之中就有1個是天性內向者。接下來,我將分享一些確實幫助我平靜下來的方法,請繼續閱讀。

我們內向的人天生比較內斂,
往往認為只有我們自己有這樣的念頭和感受。
這麼多內向的人彼此不相識,這不是很可惜嗎?

> 我們不會刻意表現自己,
> 所以常常被人低估。
> 但我們不是不合群的討厭鬼,
> 也沒有成天神經兮兮。

> 需要花點時間,
> 才能了解一個人
> 是否內向。

> 世上有很多內向
> 的人,我們也有
> 很多話想說。

遺憾的是，外人鮮少理解我們敏感的靈魂、脆弱的性格、體貼的心思和敏銳的洞察力。有時與這些特質共處實在好難，但有時卻是一段美妙的旅程。

> 敏銳的洞察力是我們最大的天賦，我們不必強迫自己改變。

> 在人群中，我們容易疲憊，渴望獨處。

> 不幸的是，敏感的男性很難與其他男性相處。

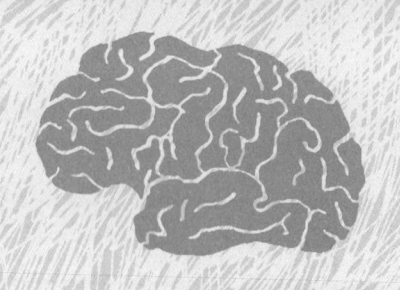

科學家認為，內向者的大腦對多巴胺更敏感，所以更容易超載。在我們冒險、興奮和結識新朋友時，大腦會釋放多巴胺。當我們專注的時候，例如閱讀，大腦則會釋放乙醯膽鹼。內向者需要較少的刺激，通常必須獨處才能恢復精力。

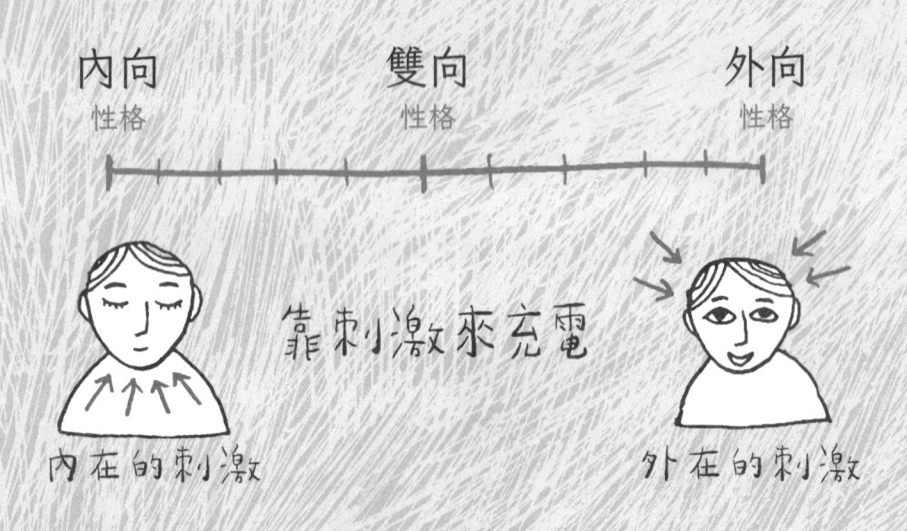

內向性格　　　**雙向**性格　　　**外向**性格

靠刺激來充電

內在的刺激　　　　外在的刺激

沒有人是完全內向的，也沒有人是完全外向的，
我們都處於兩個極端之間的某個點。
有人恰好位於中間，既內向也外向，稱為雙向性格。

內向者簡介

- 內向的人必須獨處才能「充電」
- 大部分的刺激來自於他們（通常非常複雜）的內心世界，這對他們來說非常重要
- 他們總是少說、多聽、多觀察
- 大多數有創意的人偏內向
- 他們也可以玩得很開心，但容易感到疲憊
- 由於不會刻意表現自己，他們很容易被低估
- 許多內向者非常敏感（請見下一章）
- 隨著年齡增長，他們對獨處的需求可能會改變

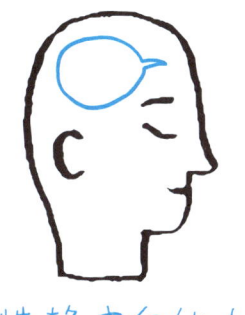

性格內向的人
會在內心獨白，
往往先思考再開口。

性格外向的人
習慣說出自己的想法，
往往先開口再思考。

內向者的特質

~ 內向者注重細節，有時表現出完美主義的傾向

~ 他們能察覺實際的問題，以獨創的方式去思考和分析

~ 他們認真負責、具有毅力

~ 他們擅長傾聽

~ 他們能夠集中心思，專注於一件事

~ 他們謹慎、穩重、可靠

~ 他們喜歡走自己的路，需要獨立空間

~ 他們喜歡深入的對話，而非膚淺的交流

~ 他們不擅長面對過多的刺激

我們非常喜歡長時間又深入的對話！

對我們來說，空洞膚淺的八卦毫無意義。

我要走自己的路……

這條路或許曲折、複雜、耗時，
但那是我的路。

對內向者而言，
獨立自主非常重要。

我能看穿表面，發現隱藏的連結。

容易被神祕吸引

我們喜歡發現隱藏的、看不見的或難以捉摸的事物。我們享受在黑暗中前進,靠著直覺和內心聲音的引導,體驗深刻的內在自由。我們喜歡發掘寶藏,即使有時會覺得不安。偶爾,我們能夠洞察宇宙奧妙,發現萬物之間的連結;有時,不過是買個東西,也讓我們倍感困難。但這不正是人性奇妙的地方嗎?

有時,我們會被各種想法轟炸。

處於宇宙的*流動*之中,實在是一件既有趣又愉快的事。

活動中的外向者　　活動中的內向者

這是一種簡化的說法,但有助於理解自己的性格特徵和需求。

世界不是黑白分明,每個人身上都有各種色彩。

由於每個人都是獨一無二的,所以不能一概而論。

我們在某些方面展現外向,在某些方面則傾向內向,

目標是找到合適的平衡。

相輔相成

~ 內向者可以從外向者身上學到放鬆、從容、直率、對冒險的渴望以及管理衝突等技能。在一個封閉、無行動、無壓力的環境中,外向性格有助於推動事情的發展

~ 外向者可以從內向者的洞察力和創造力中汲取靈感,同時學習他們的傾聽技巧與三思而後行的智慧

陰與陽是兩種對立的生命力量，構成宇宙的本質與平衡，兩者間存在著創造性的張力。內向屬於陰，外向屬於陽，兩者相輔相成，無優劣之分。每個人都能在獨處或社交之間找到平衡，每個人也都需要獨處與社交。發掘自己尚未開發的內向或外向部分，能使我們變得更加完整。

卡爾・古斯塔夫・榮格

(1875-1965) 著名的瑞士心理學家和神祕主義者，曾是西格蒙德・弗洛伊德 (Sigmund Freud) 的學生

在《榮格論心理類型》一書中，榮格率先描述了內向性格和外向性格。

> 外向和內向這兩種性格特質，普遍存在於人群之中。

> 兩種性格都具有單向特性，一種專注於與外在世界建立關係，忽略內心世界；另一種則只關注內心世界，忽視外在世界。然而，隨著時間經過，每個人會發現自己仍舊必須發展先前忽略的層面。

注釋：
榮格以「extravert」形容外向的人，不過更多人使用「extrovert」。我個人則偏好使用「extrovert」一詞來指稱「外向者」。

榮格小時候是一個敏感憂鬱的孩子,他父親是瑞士改革宗教會的牧師。九歲以前,他是家中唯一的孩子。在學校裡,榮格性格孤僻、不受歡迎,經常被同學欺負,所以他常常躲進自己的幻想世界中。

榮格的一生非常精彩,他提出許多概念,其中的「共時性」,指的是許多無法解釋的事件同時發生。這些事件對參與者具有深層的意義,而這種「不可能發生的巧合」無法單憑理性來解釋。

榮格曾有一位病患夢見了聖甲蟲,這種甲蟲在古埃及文化中象徵著「重生」。當病患向榮格描述這個夢境時,一隻與聖甲蟲近似的昆蟲出現在窗戶上。從那時起,原本毫無進展的病情開始逐漸好轉……

> 我夢見有人送我一件珍貴的珠寶——一個黃金打造的聖甲蟲。

> 你的聖甲蟲來了!

自然界中的內向與外向

動物生存策略

榮格認為，自然界中存在著兩種適應方式。採取外向策略的生物繁殖能力較強，防禦能力較弱，壽命較短。採取內向策略的生物則專注於多種防禦手段，但繁殖力較弱。兩種方式都很普遍，也都能達到適應環境的目的。

蚜蟲
繁殖力最強的生物

澳洲箱型水母
毒性最強的生物

我可以在輻射和真空中生存，即使你把我冷凍起來30年，我仍舊能夠復活。

約1毫米

巨龜
壽命最長的生物

水熊蟲
生命力最頑強的生物

內向者和高敏感族
更容易覺得

受不了

如果他們沒有足夠的安靜時間，
會變得易怒、焦慮和疲倦。

開放空間

內向者的夢魘

最理想的工作環境

對內向者來說,最糟糕的工作場所就是開放、嘈雜、缺乏隱私的辦公室,他們的身體會釋放皮質醇荷爾蒙,讓他們難以集中精力。

我們需要全神貫注,才能沉浸在自己喜歡的活動中。當我們充分發揮才能,進入心流狀態,工作就能達到最高效率。

「心流」是匈牙利裔美國心理學家米哈里・契克森米哈伊(Mihaly Csikszentmihalyi)提出的概念(見第142頁)。

內向者在安靜的環境中工作效率最好,也最具創造力。

對他們而言,開放式的工作環境一點也不理想。

> 我無法在大型辦公室裡專心工作,因此幾乎不曾受雇於他人。自由業更適合我,這讓我能按照自己的步調工作,以更短的時間完成更多的任務。然而,自由工作者需要高度的自律,同時也要懂得如何放鬆自己。

新冠疫情期間的內向者

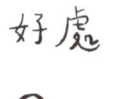

好處

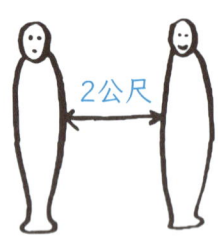

社交距離 — 2公尺

戴口罩

充分的獨處時間

壞處

我沒有地方可以充電，總是有人要找我。

缺乏安靜和個人時間

一位內向的母親

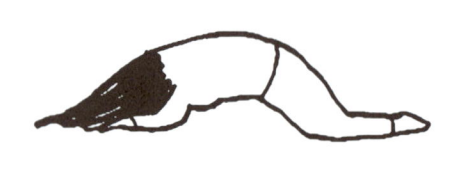

平常一天結束時

封城時的夜晚

新冠肺炎造成的兩難

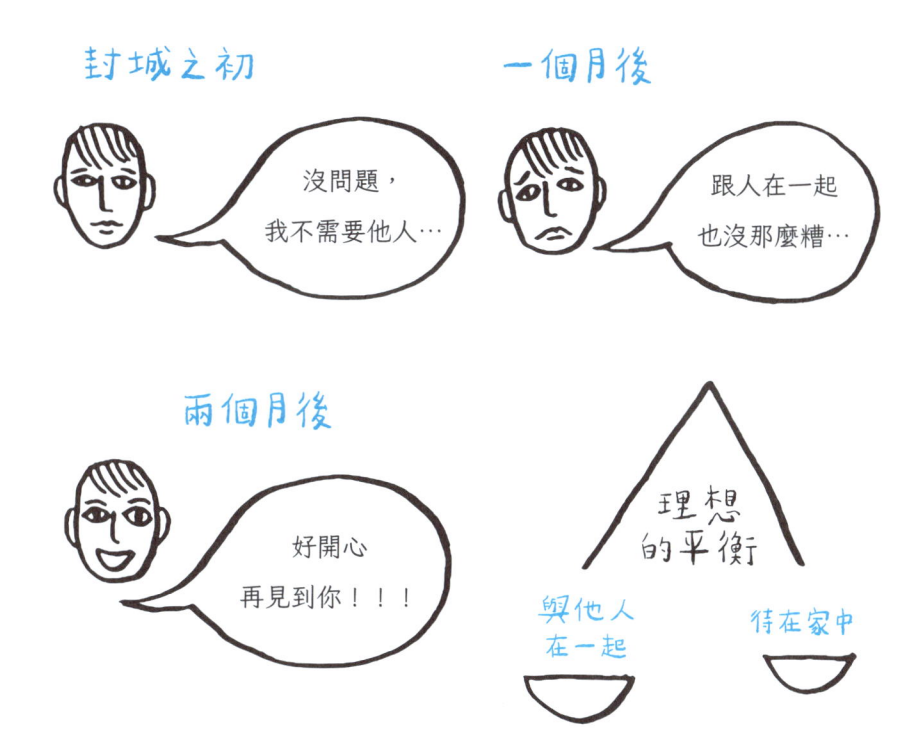

內向者與封城

封城之初
> 沒問題,我不需要他人⋯

一個月後
> 跟人在一起也沒那麼糟⋯

兩個月後
> 好開心再見到你!!!

理想的平衡
與他人在一起 / 待在家中

⚠️ 內向者的隔離風險

孤立與隔離之間只有一線之隔,小心,不要讓隔離成為逃避他人的藉口,這樣可能導致抑鬱、焦慮,甚至形成心理依賴的風險。

4

高
敏感

「你被敏銳的感知折磨，你的生活充滿打擊，你暴露在殘酷的現實中，汗水閃耀………」

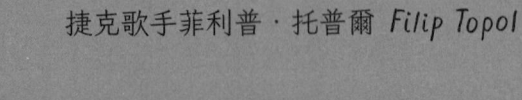

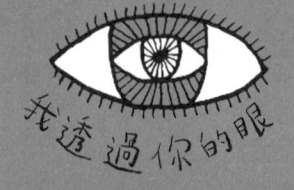

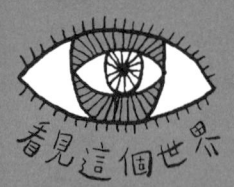

捷克歌手菲利普・托普爾 Filip Topol

我透過你的眼　看見這個世界

活在這個世界上
有時候很痛苦……

帶來許多好處的天賦

約有20%的人口屬於高敏感族（或稱超敏感族）。

有些資料顯示，男性和女性的高敏感族人數相等，

也有資料指出女性較多。

大多數高敏感族有內向的傾向（約30%屬於外向者）。

在藝術家中，高敏感族的比例也很高。

高敏感是一種神經系統特性，可以透過腦電圖檢測出來。

> 世界需要你！所以走出去吧，悄悄發揮你強大的影響力！

伊蓮・艾融

(Elaine Aron，1944-)
研究高敏感特質的心理學家，著有《高敏感族自在心法》

高敏感族的特質

~ 高敏感族思考時會考慮到事物的背景和內涵
~ 他們擁有敏銳的直覺和強大的體驗感知能力
~ 他們熱愛自然,具有美感和創造力
~ 他們更容易察覺機會和威脅
~ 他們追求更深刻的人生意義
~ 他們能夠以同理心傾聽他人

> 我洗耳恭聽。

> 我傾聽他人的聲音。

高敏感族比別人更早察覺到危險,
宛如社會上的感應器或地震儀。
在自然界中,高敏感特性對物種生存具有重要的
戰略意義,這種敏感性可能是天生的,
也可能是後天造成的,
例如來自創傷。
後者情況並非某種疾病或診斷的結論,
雖然只見於少數人,卻是一種正常的現象。

73

高敏感族容易落入的陷阱

~ 非常敏感的人容易感到不堪負荷、精疲力盡

~ 他們容易失去平衡、心煩意亂

~ 他們對自己要求很高，往往承擔過多的責任

~ 他們應該小心設定界線

~ 他們可能會感到焦慮，傾向於迴避風險

我們經常無法設定情感界線。

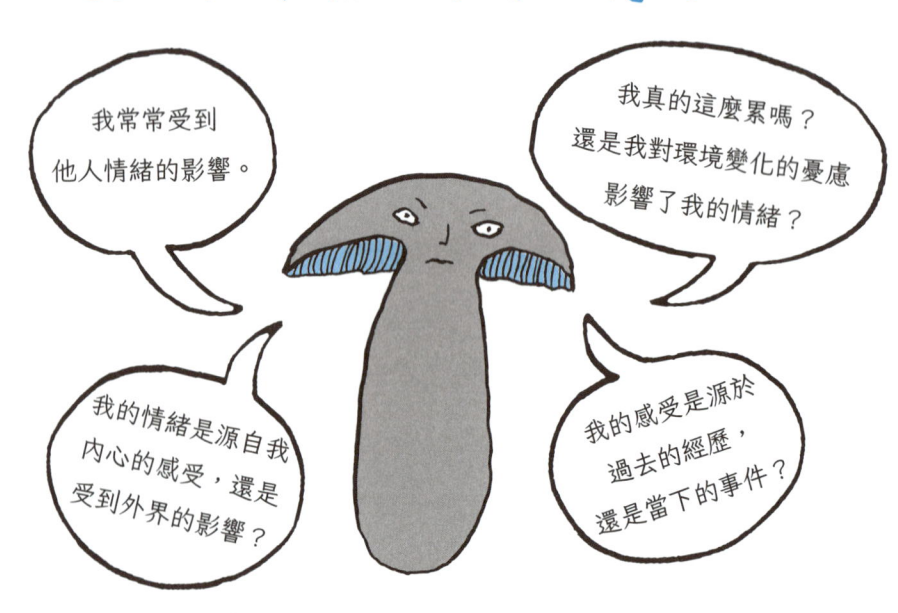

- 我常常受到他人情緒的影響。
- 我真的這麼累嗎？還是我對環境變化的憂慮影響了我的情緒？
- 我的情緒是源自我內心的感受，還是受到外界的影響？
- 我的感受是源於過去的經歷，還是當下的事件？

很多很多事物都能影響我⋯

我們是
有多多多多感啊!

體驗!

高敏感族的
情感力量
不容小覷。

我們非常不喜歡衝突

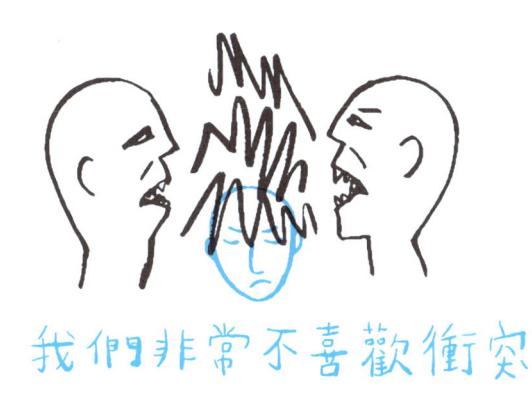

衝突會讓我們消耗大量的精力，

因為我們理解雙方的觀點，所以很難不帶入感情……

我們擁有豐富的想像力

我們很擅長設想災難場景和難以想像的事物，

有時候為了緩解憂慮，會為最壞的情況做準備。

我們有源源不絕的創意，但如何才能將這些創意付諸實現呢？

我們的界線

當我們與他人在一起卻無法做自己時……

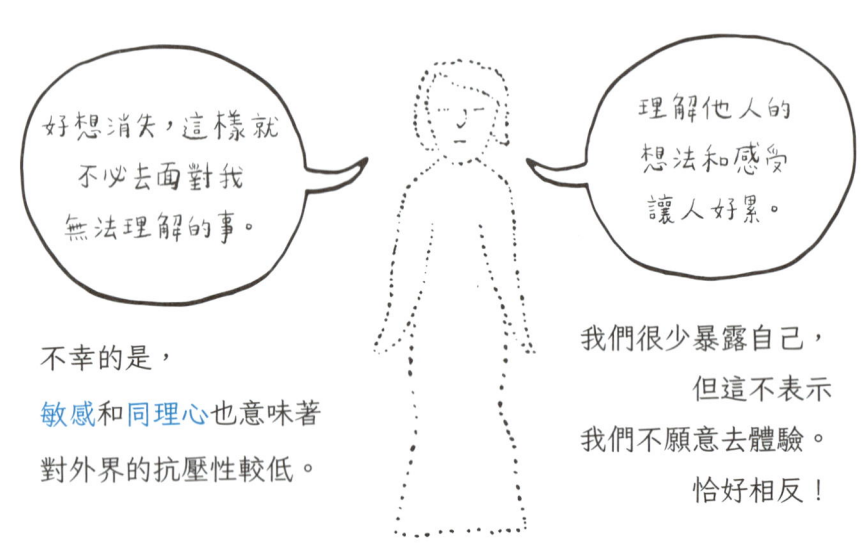

> 好想消失，這樣就不必去面對我無法理解的事。

> 理解他人的想法和感受讓人好累。

不幸的是，
敏感和同理心也意味著對外界的抗壓性較低。

我們很少暴露自己，但這不表示我們不願意去體驗。恰好相反！

我感覺自己像是隱形的

> 我失去了自我意識。

> 我迷失自我，找不到方向。

有時候
我覺得自己
像是沒有皮膚。

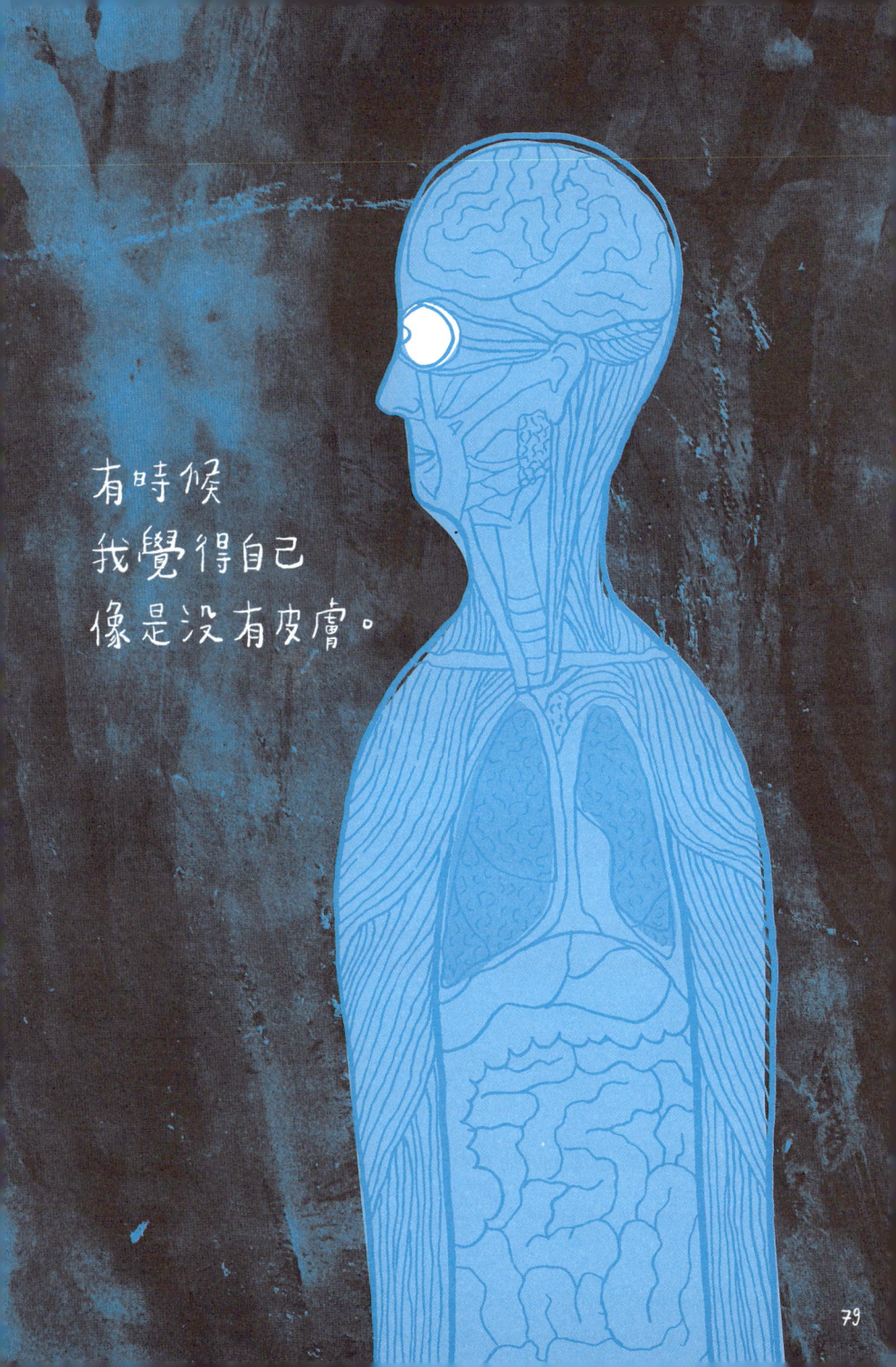

我快爆炸了⋯⋯
每件事都讓我頭痛！

我不堪負荷，我的界線被侵犯了⋯⋯
我受不了了，我再也受不了了。
我緊張焦慮，煩躁易怒。
我講話句句帶刺。
我大吼大叫。
我哭了⋯⋯

你也是這樣嗎？

> 這是我，
> 這是我的地方，
> 這是我的邊界。

對敏感者來說，「不」是一個簡短但非常重要的字，
當我說出「不」的時候，等於表達我的立場。
我不必永遠超級善解人意，我有權設定自己的界線。
但是，有時候這個字很難說出口。

與其在衝動之下發洩挫折，不如設定健康的界線。

維護界線非常重要

挫折階段
必須接受和忍受困擾的感覺。

> 我真的不希望事情變成這樣。

領悟階段
承認有些事情確實困擾著我。

> 我有權不接受,不是嗎?

懷疑階段
害怕衝突或拒絕。

> 是我不好,我把事情搞砸了。

表達階段

> 我有疑慮,我不願意!

對我的話避而不談的反應:

~對方打發我

甲:「找乙解決。」

乙:「找甲解決。」

~對方直接忽略我

~對方攻擊我「都是你的錯!」

堅持階段

感到越來越迷惘，問題越來越嚴重，情況變得一團糟。

勝利階段

雖然不是所有問題都解決了，但達成了一致的意見。

> 怎麼辦？
> 我該怎麼做呢？
> 我不希望
> 有這種感覺。

重複嘗試不要氣餒

> 堅持自己的信念是非常值得的！

> 不！
> 這真的讓我很困擾。

滴水終能穿石。

或許你無法每次都達成目標，但這份努力是值得的！

⚠️ 如果事情不如預期，小心別落入冷漠或自責的陷阱。

> 失敗了，
> 我真是個廢物。

界線與防禦

我們天生擁有調整界線的能力，但如果不斷改變界線，我們很可能會失去自我認同。許多人會建立防禦牆來保護自己的界線，但過度保護可能會錯失與他人親近的機會；反過來說，我們也可能過度開放。健康的界線應該是靈活的，就像具備天然防禦機制的細胞，會根據環境做出適當的反應。

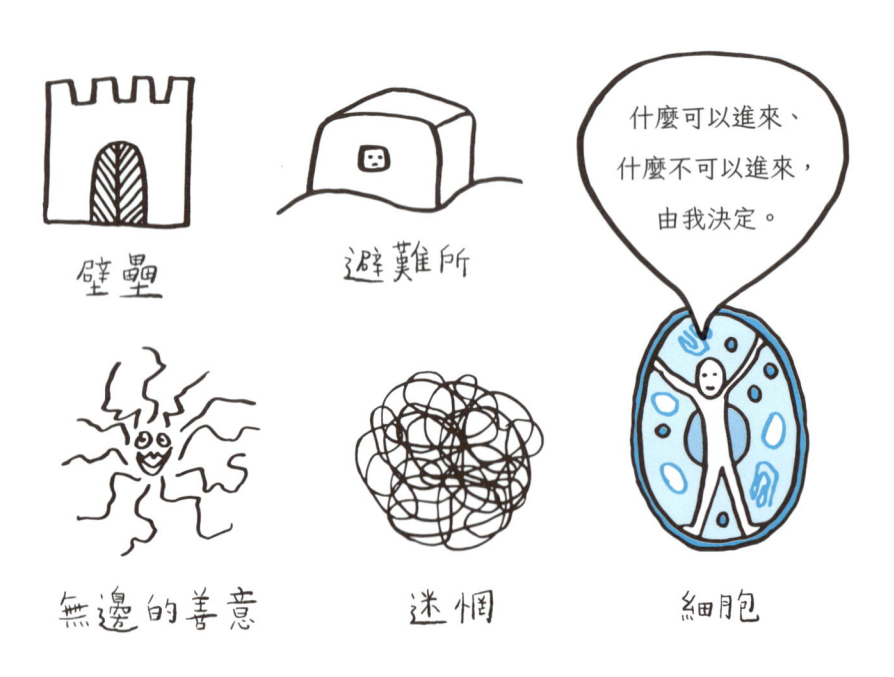

壁壘

避難所

什麼可以進來、什麼不可以進來，由我決定。

無邊的善意

迷惘

細胞

每個人的界線都不一樣。
我的界線讓我自己和周圍的人可以更了解我。

內向&高敏感

內向和高敏感是一樣的嗎？

兩者不能畫上等號，內向的人和敏感的人在某些方面有許多共同點。和內向的人一樣，高敏感的人會深思熟慮、傾聽內心的聲音、尊重自己的直覺。然而，有三成的高敏感族恰好性格外向，他們擁有很多朋友，喜歡結交新朋友，樂於成為團體中的一分子。這可能是因為他們在大家庭中成長，擁有強烈的安全感。

因為我們非常敏感，
所以有時會在平凡的事物中尋找意義。
小心這一點！

> 在對自己的狀態、情緒、反應和過度敏感有了更深的理解後，也許你和我一樣恍然大悟，不過，一想到有這麼多和我們一樣的人，這不是很棒嗎？

5

脆弱的情境

迷失於世界,與現實碰撞

「萬物皆有裂縫,那就是光照進來的地方。」

李歐納・科恩 Leonard Cohen

> 怎麼了嗎?

> 我只是在思考……

沉思

> 哦,糟糕,我坐過站了……

豐富的內心世界也有缺點,當它比外在世界更吸引我的時候,我可能坐過站,或是忘記做某件事。

那通重要的電話

我今天沒心情打電話。

第1天

我真的不想打。

第2天

等我心情好點再打吧。

第3天

在市中心

逛街真是一件麻煩的事！

在購物中心

購物前　　　　　購物後

進入商店

需要我幫忙嗎？

不用，謝謝，再見。

我最怕人家問我這句話，我不要再來這裡了。

當我需要尋求協助時

- 我可以自己來。
- 我不想讓人覺得我小題大作。
- 我不想被拒絕。
- 我必須把敏感的自我放在一邊。
- 其實,我不需要任何人。

局外人

我選擇置身事外,現在卻後悔了。

我融入人群中,是為了不引人注目或冒犯他人,也是為了保護自己。

什麼都點頭附和

巴拉巴拉巴拉巴拉巴拉……

啊,是,沒錯,當然。

只要我不發表意見,他就不會認為我很笨,也不會對我發怒。

會不會其實我根本不知道自己在想什麼,因為我已經與身體和感受脫節了。

嘮叨鬼

說話

我得插句話,但該怎麼開口呢?

單方面的同理心

不幸的是，有時候一個人的同理心可能會被周圍的人利用。

這件事我非常抱歉！

我知道這對你來說不容易，但你一定可以做到。

這件事我非常抱歉！

你一向都做得到，為什麼老是說自己沒辦法？

我的童年

你女兒缺乏鬥志！

歷史會重演……

現在輪到我當父母了

你女兒應該學著不要小看自己！

在其他情況下也一樣。

無止境的母性內疚

我覺得自己在當母親這件事上好失敗。

當我的孩子在街上哭鬧時,我責怪自己。
育嬰假期間,我鮮少與人往來,很容易覺得自己一無是處。

當我訂到很爛的旅館時⋯

都是我的錯,我真沒用。

對不起。

甚至當有人撞到我時⋯

內向者的矛盾

> 我喜歡獨自創作，當我的想法開始萌芽時⋯⋯

> 我怎麼可能把這個給別人看呢？

當我不得不展示未完成的作品時⋯

> 我非常尷尬，無法把未完成和不完美的作品拿出來⋯⋯

當我承擔了太多責任並開始責怪他人時⋯

> 沒有人在乎我！他們為什麼不知道我需要幫助呢？

捉迷藏

我厭倦了社交接觸，但又無處可躲⋯

> 我不是只躲你，我每個人都躲。

> 那位太太我認識，她話很多⋯⋯

> 嗨！！！

外向的人可能會認為內向者的行為顯得冷漠或不近人情，但這些通常是由於疲勞和不知所措所引起的。

傷人的話

要傷害我很容易，尤其是當我感到疲憊的時候，一句突如其來的話就能對我造成很大的打擊。

在原地打轉

> 我為自己的心情不好感到難過。

熬過／享受聚會的方法

帶一本書

開心嗎？

很開心，謝謝。

躲到煙幕後面

對話

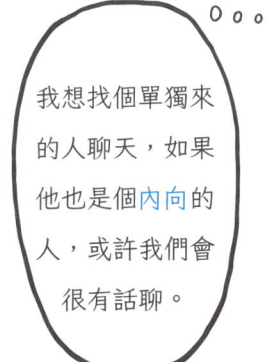

我想找個單獨來的人聊天，如果他也是個**內向**的人，或許我們會很有話聊。

在適當的時候消失⋯

何必強迫自己交朋友呢？

6

不說話

「疑慮時，說實話。」

馬克・吐溫 Mark Twain

喃喃，
喃喃，
喃喃自語……

大多數內向和敏感的人不喜歡在他人面前講話，我們害怕受到權威人士、陌生人，甚至是親朋好友的批評與責備。我們在說話時往往難以放鬆。

12歲那年，
我被送去參加夏令營，
因為一個人也不認識，
我幾乎沒開口說話。
我就是無法開口。

你有沒有注意到，
那些自信滿滿大聲嚷嚷的人，
往往講話內容最空洞？

我的想法與感受

我的言語

我需要感到安全,
並且有很強的說話動力、
做好充分的準備,我才有辦法表達。

當我用正常的
聲音說話時……

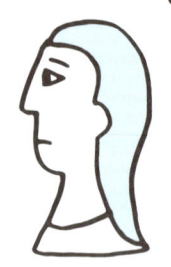

> 我聽不到她的聲音。

當我覺得我在
大吼大叫時……

> 現在的音量正常了。

內向者的情緒在他人眼中的樣子

| 悲傷 | 憤怒 | 恐懼 | 喜悅 |

一個安靜的人和她周圍的人

她在想什麼？我不知道。

哦，天哪，
我不知道該說什麼。
我能說什麼？他們會怎麼看我？
我覺得很尷尬，不想犯錯，
也不想搞砸任何事。

別人可能在想……

她自以為很特別。

她不理人，
真是高傲又古怪。

她為什麼跟
大家一起，卻一句話
也不說呢？

她不說話，
是不屑我們嗎？
幹麼一副提不起興致的
樣子？

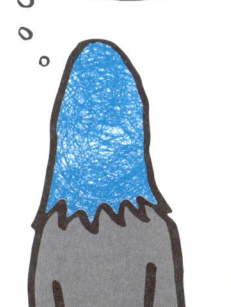

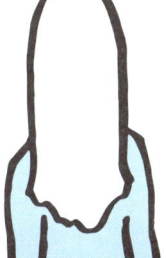

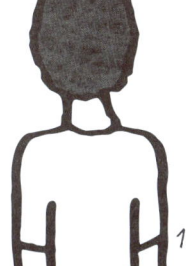

人類的兩大恐懼

死亡恐懼

以及

在公共場所說話的恐懼

唔，唔，呃……

不只是內向者,其實有75%的人

害怕在公眾場合演講。

就是……呃……
就像,基本上……

毫無準備的
即興發言最難。

數千年前

我必須
離開這裡!

我們的大腦對於被注視總是有相同的反應。

對許多人來說,害怕在公眾場合講話的恐懼,

不亞於對死亡的恐懼。

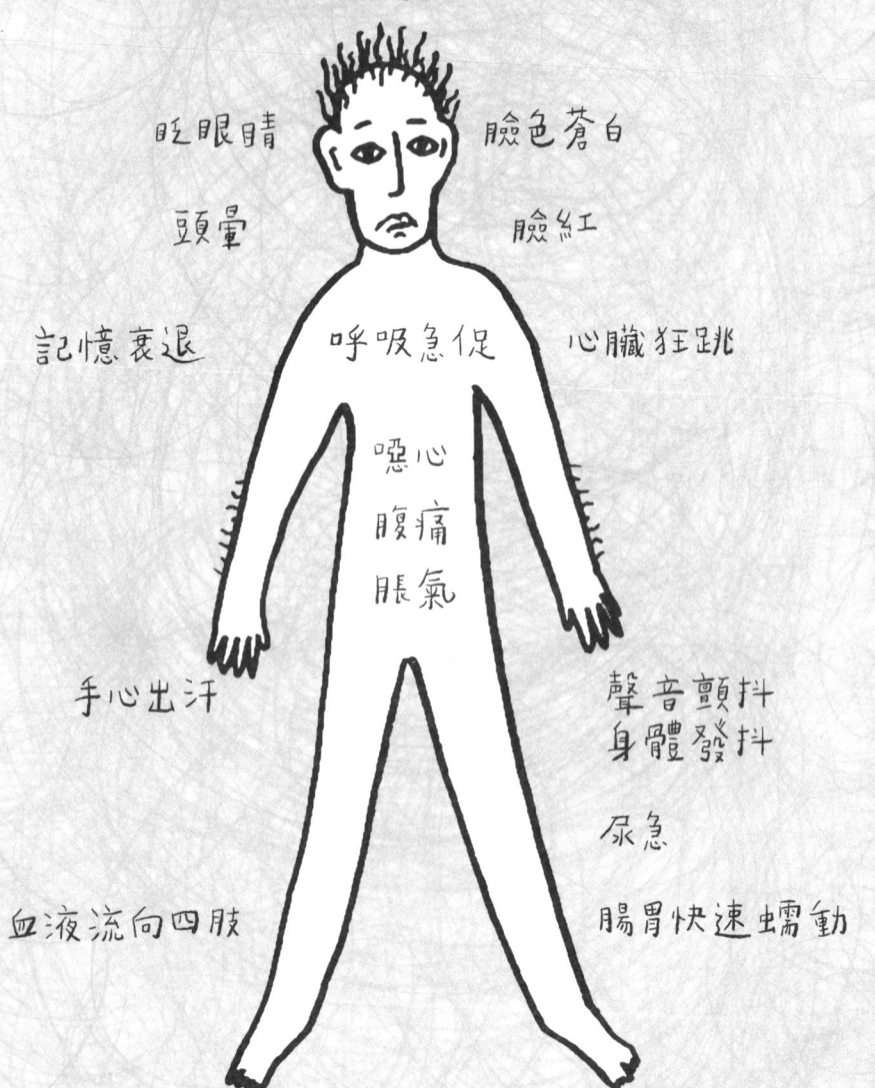

解析
怯場及其徵兆

- 眨眼睛
- 頭暈
- 記憶衰退
- 手心出汗
- 血液流向四肢
- 呼吸急促
- 噁心
- 腹痛
- 脹氣
- 臉色蒼白
- 臉紅
- 心臟狂跳
- 聲音顫抖
- 身體發抖
- 尿急
- 腸胃快速蠕動

公開演講的困難

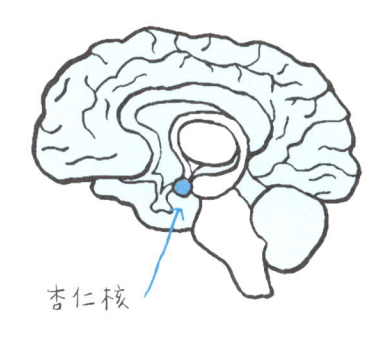

我的腦子一片空白

那個 那個 那個 那個 呃 那個

喉嚨緊繃

舌頭僵硬

杏仁核

我應該把想說的話說出來，但想想還是算了，何必自討沒趣呢？

怯場其實是一種生理反應。腎上腺會釋放兩種壓力荷爾蒙，分別是腎上腺素和皮質醇，進而觸發大腦杏仁核的反應（攻擊、逃跑或麻痺），替身體注入能量。在最壞的情況下，恐懼會導致癱瘓。

成功的公開演講並非仰賴個人的魅力或演說天賦,因為演講技巧是可以透過學習和練習來掌握的。想一想,許多演員和網路影音創作者其實是內向的人。內向者當然能表現得像外向者一樣,只是事後會感到非常疲憊罷了。但只要我們從事的是一項有成就感的工作,而且有足夠的動力,我們也能輕鬆掌握外向者的技能。

巴拉克・歐巴馬

(Barack Obama,1961-) 美國總統,任期:2009-2017
歐巴馬曾經花了好幾年的時間來提升自己的演說技巧,
雖然一開始表現平平,外界評價也不佳,
但現在他的演講總是能點燃美國人的熱情。

> 好嚴肅,好像在上課……

> 無聊、單調……

> 讓人聽了昏昏欲睡……

內向者發言的優勢

~ 他們掌握要領，言之有理

~ 他們不會為了節省時間而講得太快

~ 他們的注意力非常集中，說話也很有力量

~ 他們能與聽眾產生共鳴

演說和克服怯場的方法

~ 當你說話時，想想更深層次的目的，這樣可以把注意力從自己轉移到更高的目標上

~ 認真準備，例如以條列重點的方式擬定演講大綱

~ 經常練習公開演講可以增強自信

~ 緩慢地深呼吸有助於緩解緊張的情緒

~ 不要說得過於詳細，以免讓觀眾感到無聊

~ 我們這些在公眾場合開不了口的人，通常擅長使用電子郵件和線上聊天

> 求學時，我們曾給一名老師取了一個綽號：「安眠藥」。你應該猜得到原因；更糟的是，他的課是在午休之後……

7

世界上著名的內向者 & 敏感者

故事・啟發・思考

> 你可以用溫和的方式撼動世界。

聖雄甘地

(Mahátma Gándhí，1869-1948)
印度獨立運動的政治和精神領袖

甘地小時候非常害羞，總是避開人群，但他非常用功讀書，喜歡埋首於書堆中。放學後，他會趕緊回家，避免與人交談。他不只怕黑、怕鬼，還怕蛇和小偷。

年輕時，甘地加入一個素食社團，但在聚會上表現得非常笨拙，無法開口說話，甚至沒辦法看著準備好的稿子講話。後來他學會管理自己的害羞，卻從未完全克服它。

儘管天性如此，或正是因為這樣的本性，他成了一位政治和精神領袖，帶領印度走向獨立，被尊稱為「國父」。他發起不合作運動，採取非暴力手段進行抗爭，例如抗議遊行和絕食。他認為自己的害羞是一種力量。

> 我的害羞實際上是我的盾牌和護身符，這使我得以成長，助我辨別真理。

法蘭茲・卡夫卡

(Franz Kafka,1883-1924)作家

> 你曾經說過,
> 希望在我寫作時坐在我的身邊。
> 聽著,當你坐在我身邊時,
> 我根本無法寫作,
> 因為寫作會過度暴露自我,
> 寫作本身就是自我揭露
> 和投降的極限。

瑪麗・居禮

(Marie Skłodowska Curie, 1867-1934)
兩度榮獲諾貝爾獎，1903年獲得物理獎，1911年獲得化學獎

瑪麗・居禮自幼就對科學充滿熱情，由於華沙大學不收女學生，她離開波蘭前往法國求學。她用自己在女校擔任老師的薪水進行了第一項研究，一路走來堅持不懈，終於克服了重重難關。

> 有些實驗，我必須重複上百次。

亞伯特・愛因斯坦

(Albert Einstein, 1879-1955)

理論物理學家、科學家，1921年獲得諾貝爾物理獎

> 我是一名孤獨的旅人，
> 從未擁有過歸屬感，
> 也從未失去對孤獨的需求。

> 我生活在孤獨中，
> 這種孤獨在年輕時是痛苦的，
> 但成熟後卻變得美妙。

由於害羞和閱讀障礙，愛因斯坦一度被認為學習緩慢。1950年，他請求捷克斯洛伐克總統克萊門特・戈特瓦爾（Klement Gottwald）釋放米拉達・霍拉科娃（Milada Horáková），以及其他政治審判下的受害者。

羅莎・帕克斯

(Rosa Parks, 1913-2005) 非裔美國人, 人權運動者

1955年12月1日，42歲的羅莎・帕克斯在美國阿拉巴馬州蒙哥馬利市搭上了一輛公車。下班後疲憊的她，在「有色人種」座位區找了個位子坐下。當時美國實施種族隔離制度，前排座位保留給白人乘客，黑人則必須坐在後排；除了公車，餐廳、學校和電影院也實行同樣的隔離措施。後來，越來越多人上車，司機便要求羅莎讓位給一名白人乘客。

但是，羅莎拒絕了，此舉引發了20世紀最重要的公民抗議活動。羅莎拒絕後，司機報警，警方逮捕了羅莎，以擾亂治安罪控告她並處以罰款。這起事件越演越烈，最後浸信會牧師馬丁・路德・金（Martin Luther King）率眾發起抗議活動，該市有4萬名黑人市民，大多數人挺身支持羅莎，拒搭公車，改以步行或共乘計程車上班，抗議這個荒謬的法律。抗議活動持續了382天，最終公共交通的種族隔離法被廢止。羅莎・帕克斯一生獲獎無數，成為爭取人權的象徵。

> 讓出你的座位！！
>
> 不要。

羅莎・帕克斯**安靜、溫和且謙遜**，
但擁有強大的勇氣和內在力量。

當她拒絕讓座時，
沒有人料到她正在啟動一場重大的社會變革。

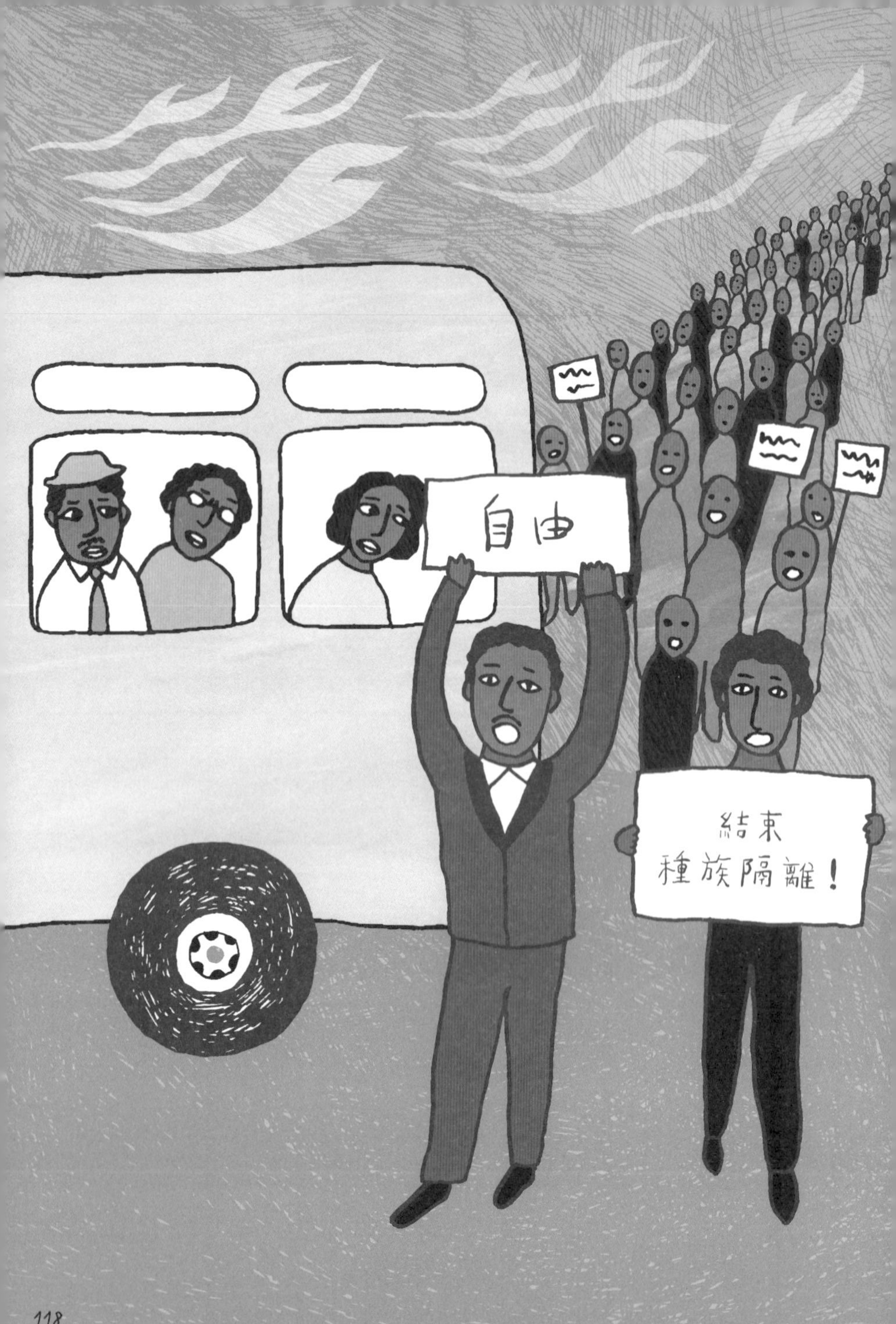
自由
結束
種族隔離！

尼古拉斯・溫頓

(*Nicholas Winton*,1909-2015)英國銀行家和慈善家

尼古拉斯・溫頓拯救了669名猶太兒童。1939年,他安排八班火車,將猶太孩童從布拉格送往倫敦。在此之前,他先在報紙上刊登廣告,尋找願意收留孩子的家庭;後續更協助辦理簽證,填寫入境英國的申請文件。溫頓的個性非常謙遜,從未向任何人提起拯救這群孩子的事,直到將近50年後,也就是他80歲那年,他的妻子在閣樓發現了幾份名單,並將這些古老文件交給一位歷史學家後,他的義舉才被世人所知。BBC邀請溫頓上電視節目,告知他將會見到幾位「熟人」,當他發現這些人就是他當年拯救、已經長大成人的孩子時,他有多麼驚喜!由於這項低調的壯舉,他獲得了許多獎項。溫頓享壽106歲。

> 我不是英雄,
> 我只是做了必須做的事。
> 只要有一絲希望,
> 就沒有理由不去嘗試。

艾薩克・牛頓

(Isaac Newton，1643-1727)

物理學家、數學家、天文學家、煉金術士、神學家

> 我是如何提出這麼多卓越的發現？這一切全靠思考。

> 獨處，是發明的祕密；
> 獨處，是創意誕生的時刻。

尼古拉・特斯拉

(Nikola Tesla，1856-1943)

物理學家、發明家

托耶

(Toyen, 1902-1980) 捷克裔法國畫家

> 在生命幽暗的大廳中，我凝視著心靈的投影幕。

史蒂夫・沃茲尼亞克

(Steve Wozniak, 1950-) 電腦工程師、程式設計師，與史蒂夫・賈伯斯 (Steve Jobs) 共同創立蘋果公司，研發出史上第一臺個人電腦

> 要不是我因為害羞而避免出門，也許我就不會學到這麼多關於電腦的知識了。

安東尼・聖修伯里

(Antoine de Saint-Exupéry, 1900-1944)

《小王子》的作者、飛行員、哲學家

> 神就是沉默。

> 愛的核心是祈禱，而祈禱的本質是沉默。

> 所有的大人都曾經是個孩子，但只有少數人記得這件事。

瓦茨拉夫·哈維爾

(*Václav Havel*，1936-2011)

捷克劇作家、作家、異議分子和政治家；捷克斯洛伐克末任總統、捷克共和國首任總統

備受世人推崇的哈維爾，捷克民眾期許他成為一位自信果斷的領袖，但他卻採取了非常獨特、充滿哲學思辨的態度來治國。他追求完美、厭惡衝突，並且經常質疑自己的觀點。在公眾面前，他總是表現得謙虛而拘謹，膚淺之輩批評他害羞膽怯、優柔寡斷又軟弱無力，是一個不切實際的夢想家。

然而，他卻能挺身反對極權，還因此坐了5年的牢。他走上了自己的道路，展現出勇氣、認真與堅毅，成功帶領捷克走向民主。

> 掌握權力，
> 讓我永遠懷疑自己。

伊莉莎白二世

(Elizabeth II, 1926-2022) 英國女王

> 帶來最持久的改變，
> 往往是小步伐，
> 而非大躍進。

> 當我們真正深入探討
> 為什麼無法放下某些事物時，
> 原因不外乎兩種：
> 對過去的依戀
> 與對未來的恐懼。

近藤麻理惠

(1984-) 日本整理顧問，著有《怦然心動的人生整理魔法》

蘇珊・坎恩

(Susan Cain，1968-)

著有暢銷書《安靜，就是力量：
內向者如何發揮積極的力量》

> 世界需要你，
> 有許多方法可以讓
> 你的沉默說話。

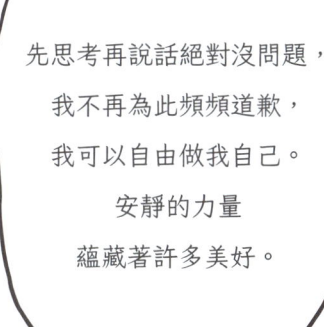

黛比・鄧

(Debbie Tung，1990-)

著有《內向小日子：
害羞、古怪、尷尬，
這樣的我其實再
正常不過了》

> 先思考再說話絕對沒問題，
> 我不再為此頻頻道歉，
> 我可以自由做我自己。
> 安靜的力量
> 蘊藏著許多美好。

8

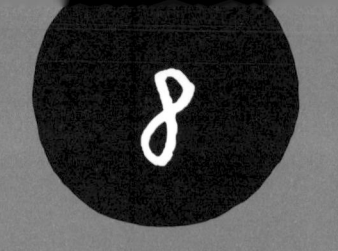

我們的情感關係
伴侶、家人與孩子

「獨處是美好的，但你必須有人可以傾訴它的美。」
捷克作家約瑟夫‧富塞克 Josef Fousek

能夠完全做自己，
成為宇宙的一部分，
並且意識到存在與不存在之間的關係，
這真是太美妙了！
但我可以跟誰分享這一切呢？

我們該見面嗎?
是什麼阻礙了我們對彼此的了解?

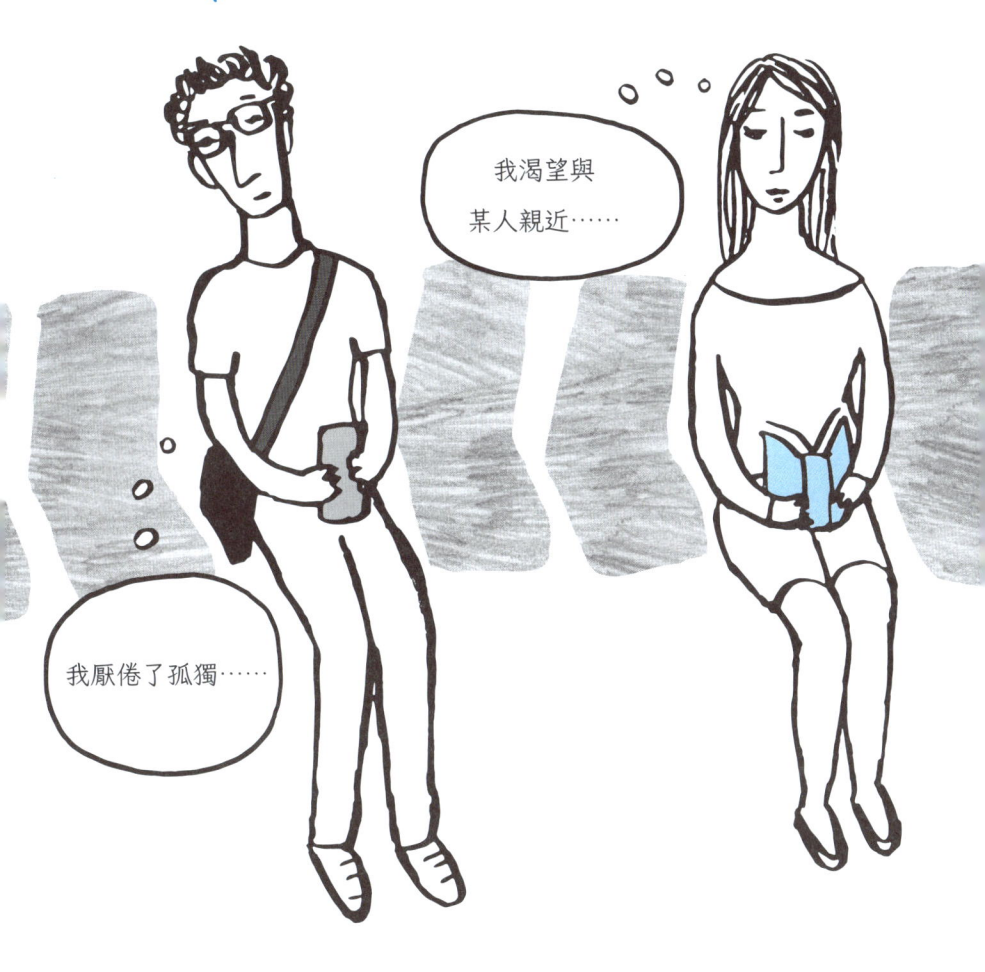

> 我渴望與某人親近……

> 我厭倦了孤獨……

在當前的數位時代,交友網站與社群平臺普及,我們隨時隨地可以與每個人聯絡,卻依然感到孤獨。

內向者與敏感族的伴侶關係

當我們遇到了夢想中的另一半，
並且得到我們渴望的東西：

內向者&外向者

兩人有不同的需求，應該給予彼此空間，雙方各取所需。外向者擁有許多朋友和活動場所，內向者則需要安靜的獨處時間。

內向者&內向者

尊重各自的需求、傾聽對方的心聲，雙方之間的衝突和摩擦較少。這樣的關係看起來很理想，但也有停滯和令人倦怠的風險。

很多內向者偏好保持單身。

高敏感族的伴侶關係

許多高敏感族談感情時，會有強烈而深刻的體驗，他們的情感強度可能會讓另一半感到驚訝，甚至造成誤會。不妨敞開心房，與對方聊聊自己的敏感。面對敏感的伴侶，比較不敏感的一方可以提供穩定和秩序，成為情感海洋中的錨。

一起獨處

兩個
內向者的關係

共享孤獨很棒,
但別忘了還是要相聚。

內向者需要定期獨處,
但這不代表他們不喜歡你。
外向者需要出門與人群接觸。

我們需要彼此。

人際關係會帶來很多挑戰,而這些挑戰推動我們前進。

既敏感又內向的孩童

研究顯示,大多數孩子像蒲公英一樣,
幾乎在任何環境中都能茁壯成長,
具有很強的適應能力。

敏感且內向的孩子像蘭花,
只有在提供支持的環境中才會茁壯成長,
在惡劣的環境中可能會枯萎。

這幾十年來,開始出現藍靛小孩和水晶小孩這樣的說法,這些孩子具有特殊的直覺,基本上與高敏感兒童的特徵相符。

脆弱的自信心

不聞不問比批評或挑剔更傷人。成年人有自己的諸多煩惱,但孩子可能會把成年人的沉默解讀為自己沒有出息或不受喜愛。

沒事
沒意見 = 我沒用
沒興趣 = 我不重要

讓我們來欣賞敏感孩子的特質

這孩子很敏感,做事慢條斯理,但真討人喜歡!

他好專心呀!

他們需要充足的玩耍、休息、良好的人際關係和情緒空間,才能健康長大。

敏感的蘭花

在友善的環境中,敏感或內向的孩子能保持冷靜、展現創意;但在充滿敵意的環境中,他們可能會哭泣,甚至展現出攻擊性。他們會敏銳地察覺到家庭裡的衝突,並且也比較不容易面對改變。

他們對不愉快的身體感受(如噪音、寒冷、饑餓)更為敏感,可能不喜歡穿緊繃、不舒適的衣物。這些孩子通常喜歡獨處,他們性格內向、動作較慢,喜歡與人保持距離,但與長輩相處融洽。父母離婚會對他們造成沉重的打擊,他們需要確認沒有失去父母的愛。他們的「不同」和「敏感」,使他們容易成為被霸凌的對象。高敏感的孩子,有時甚至會被誤以為患有注意力不足過動症。

> 媽,這個標籤真的好癢!

養兒育女的挑戰

對內向的父母來說,外向的孩子是一種挑戰;同樣地,對外向的父母來說,養育內向的孩子也是一項艱鉅的任務。敏感而內向的孩子,往往容易懷疑自己、對自己非常嚴格,並且經常感到不安。如果父母生活過得不如意,孩子可能會責怪自己。

養育敏感的兒童

~ 如果他們感受到愛,自尊心就會提高

~ 關心他們、不隨意批評,他們就能健康成長

~ 要踏上堅韌之路,就必須先經歷淚水的洗禮

~ 他們喜歡穩定的秩序和節奏、明確的界線和善意的引導

~ 他們需要充裕的時間才能變得獨立

~ 討論他們的內向和敏感特質對他們有益

內向敏感的父母與子女

我理解你正在經歷的困難,但希望你不會面臨我所遇過的挑戰!

不過,我的孩子與我不同,她會走出自己的路。

給敏感的父母: 犯錯很正常,我們不應該為自己的失敗自責。

世上沒有完美的父母,所以自責沒有意義!

我們的孩子是獨立的個體,我們也是!

9

獨處

安靜
以及我們的資源

「獨處是創意的關鍵。」

蘇珊・坎恩 Susan Cain

獨處和安靜是相輔相成的。

隨著年齡的增長,我們對獨處和安靜的需求也會增加。

內向和敏感的人需要獨處來恢復活力。

獨處使我們全神貫注,最好的想法和思想往往於獨處中誕生。

健康與不健康的獨處

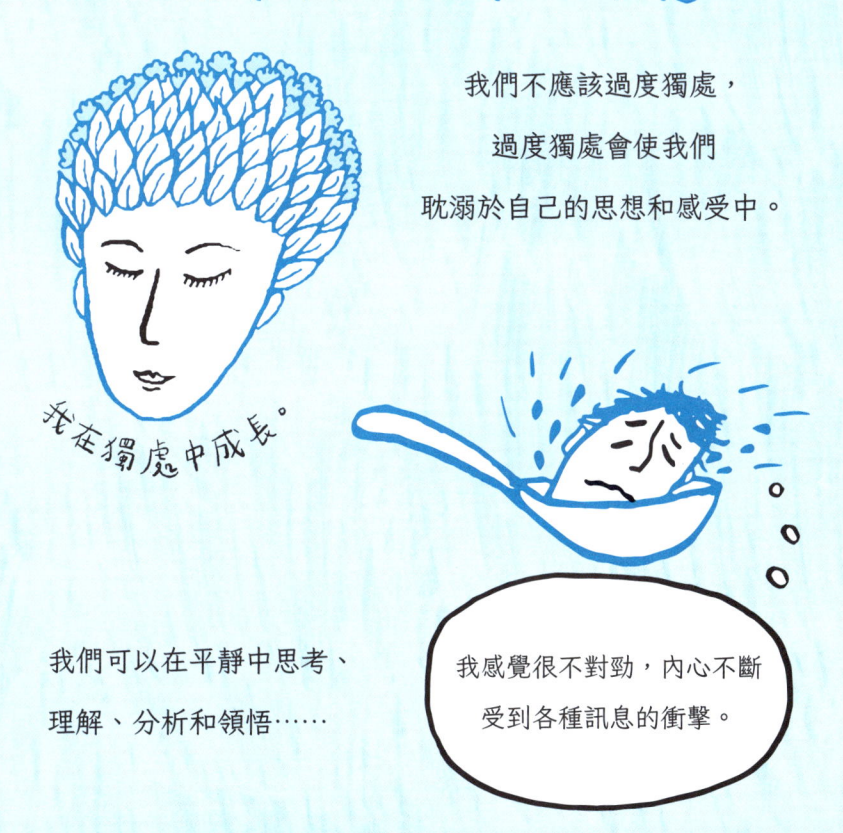

我們不應該過度獨處,
過度獨處會使我們
耽溺於自己的思想和感受中。

我在獨處中成長。

我們可以在平靜中思考、理解、分析和領悟⋯⋯

我感覺很不對勁,內心不斷受到各種訊息的衝擊。

噪音

連聲　　疲憊　　倦怠　　枯竭
過載　　　　　　　　牙鳴—　嘎嘎
咔咔咔　哇嗚—　　　　　　　啊呵啊呵啊呵
　　　啪！　　　　　　　　　　　咻
嗒嗒嗒　嗚嗚　　　咔砰！！　　　　唧唧—
　嘎—　唎唎　　　呼呼　　吼吼

寧靜

理解　　　靈感
洞察　　　點子

終於 一個人了

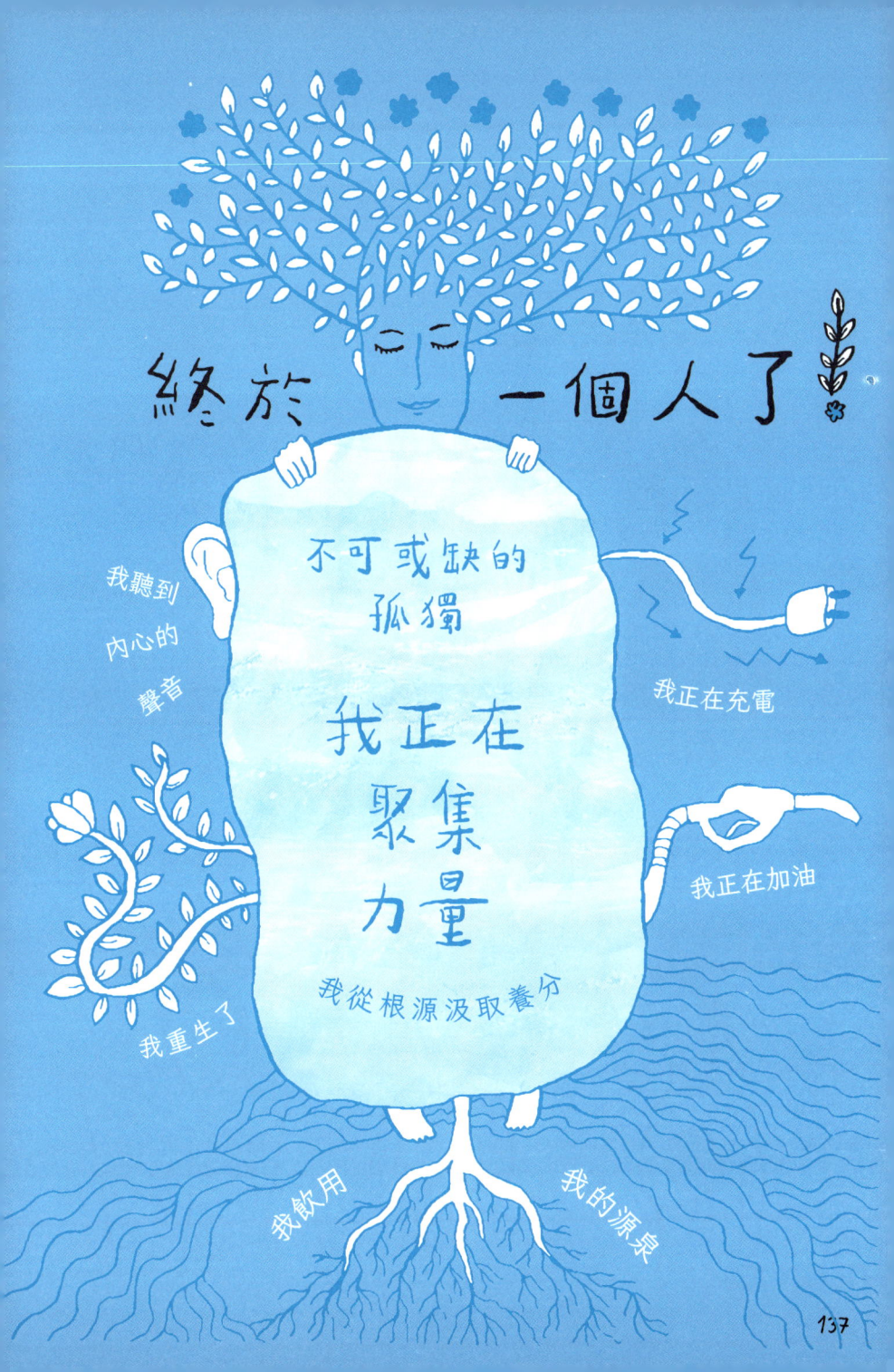

不可或缺的孤獨

我正在聚集力量

我聽到內心的聲音

我正在充電

我正在加油

我重生了

我從根源汲取養分

我飲用　我的源泉

如何放鬆心情、保持愉快？

偽裝自己，抵擋這個長驅直入的世界

內向者的基本偽裝

帽兜＋墨鏡＋口罩

耳機

耳塞

鴕鳥枕
（頭部專用睡袋）

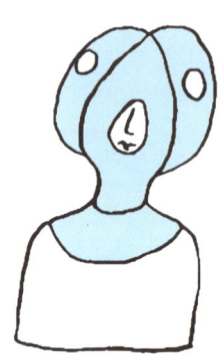

隨時隨地都可以打盹

在任何地方都能保有自我空間的方法

避難所、保護罩和壁櫥

哪裡可以放空、充電？
隱蔽的祕境

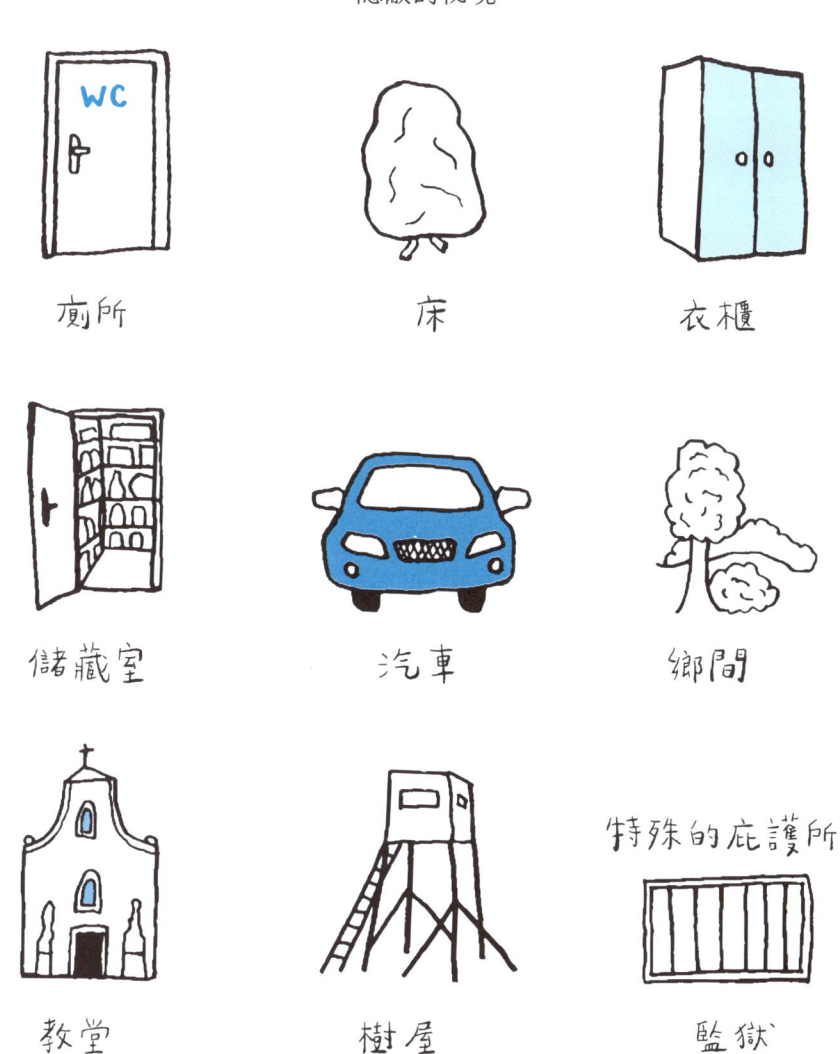

廁所	床	衣櫃
儲藏室	汽車	鄉間
教堂	樹屋	特殊的庇護所 / 監獄

絕對獨處的經驗

雷恩卡・雷諾娃

(Lenka Reinerová，1916-2008)

以德語創作的已故捷克／布拉格作家、翻譯家及記者

雷恩卡・雷諾娃曾經遭受政治審判，於1952年至1953年間，在布拉格的盧津監獄被關押了15個月，其中6個月不只單獨監禁，甚至連牙刷也被禁止使用，僅被放出過牢房3次。當時，她女兒年幼，她自己則罹患了癌症。後來，她在生命的最後階段，獲得了瓦茨拉夫・哈維爾頒發的功績勳章。

> 在孤獨中，我學會了如何不感到孤單。這不是一件小事，它能幫助一個人活下去。支撐我活下去的強烈動力，就是我的想像力。簡單來說，我的心靈在另一個地方。

獨處與創造力

令人驚奇的是,有許多人在孤立的環境或監禁中,
靠著創造力生存下來,並在這個過程中創作出重要的作品。
複雜的工作需要全神貫注、心無旁鶩。

安妮・法蘭克
(Anne Frank, 1929-1945)

在第二次世界大戰期間,這位德國出生的猶太女孩和她的家人藏身於
阿姆斯特丹一棟房子的後方,她寫了兩年的日記,
但最終仍死於集中營。戰後,安妮的父親出版了她的日記。

> 我不是去想種種的痛苦,而是去想仍然存在的美好。

> 紙張比人更有耐心。

時至今日,有人願意花一大筆錢體驗在黑暗中獨處,
難道不是很諷刺嗎?

困境中展現脆弱的力量

伊蓮・艾融認為，對於敏感者和內向者來說，「學習面對苦難」是最大的創造性挑戰。他們最艱難的任務不是放棄外在世界，而是進入外在世界。

沉浸於內在生活的能力，可以成為救命的稻草，因為我們內心深處蘊藏著非凡的不屈精神。在《心流》一書中，心理學家米哈里・契克森米哈伊提到了幾個面對監禁之苦的巧妙方法，例如：有人在鞋底抹了一層肥皂，用牙籤刻詩；有人在地板上畫地圖，想像自己正在環遊世界……

維克多・弗蘭克

(Viktor Frankl，1905-1997)
神經學家、精神科醫師、作家，意義療法的創始人，著有暢銷書《對生活說Yes》

在二戰期間，弗蘭克被關押在多間集中營。他發現，即使在極度受限的情況下，我們仍然擁有選擇如何面對處境的自由。

> 重要的不是我們對生活有什麼期待，而是生活對我們有什麼期待。

外在環境可以使一個人成為奴隸，
但他的內心仍舊是自由的。

有時，當我站在一列垂頭喪氣的囚犯之中，聽著手持機關槍的獄卒大呼小叫時，我內心會感到一陣澎湃，彷彿自己飄浮在空中……在這樣的時刻，我既自由又快樂。

亞歷山大・索忍尼辛

(Alexandr Solzhenitsyn，1918-2008)

蘇聯異議作家

沉默

緘默——因為害怕，所以不願意多說

有些人突破了沉默、化解了無法化解的情緒，帶給我們莫大的啟發……

伊蒂特・伊娃・伊格

(Edith Eva Eger，1927-)

心理學家，著有暢銷書
《抉擇：放下，擁抱生命無限可能》
伊蒂特在青少年時期曾被關在奧斯威辛集中營，直到多年後才談起這段經歷。她幫助許多人進行心理治療。

> 我靠自我成長挺了過來。我學會了原諒、學會了盡情享受生活，同時也幫助別人做到同樣的事，所以我走出了監獄——心靈的監獄，這才真正獲得了自由。

沒人提起家族禁忌時

有時，沉默會持續好幾代，即使我們不知道原因，也依然感受到來自過去的沉重壓力。沉默和情感的冷漠可能變得難以承受，並且造成傷害，是可怕且無情的。我們可能會把最巨大的恐懼投射到這種沉默上。不幸的是，有一種錯誤的觀念認為，只要忽視，困難的問題就會自動消失。但事實恰好相反，沉默會摧毀人際關係，說出來才是治癒的良方。

禁忌

> 我覺得自己的故事不應該跟伊蒂特・伊格出現在同一頁上，但有些話不說出來讓我很難過。我曾經失去三個孩子，後來寫了一本書描述這段經歷，意外地受到好評，我非常感謝讀者給予的回響。我發現，與他人分享自己的傷痛，能夠帶來心靈的安慰。

不自覺的內向者

我們可能會因為童年和青春期的不愉快經歷，而變得超級敏感和孤僻。

這種無力感和防禦機制可能會伴隨我們步入成年。敏感的人容易鑽牛角尖，難以忘懷過去的經歷。然而，只要選擇了正確的方向，我們依然能快速且有創意地解決問題。

治療和其他方法可以幫助我們逐漸改變感受和行為，讓我們不再陷於痛苦的回憶中，並且學會與它們和平共處。把經歷說出來或寫下來，對我們來說都很重要。帶著同情心和好奇心，冷靜地探索內心世界，也是一個非常有效的方法。我們不應該假裝一切沒事或逃避自己的情緒。

每個人都擁有驚人的（自我）療癒能力、非凡的韌性、創造力，以及生存的意志和前進的動力。

創傷

遺棄

斷裂

焦慮

尋找意義的心靈

心靈會尋找意義,因此當我們分享自己的故事——尤其是反覆分享時——故事就會開始轉變,我們對記憶的態度也會隨之不同,尤其是在有人專注聆聽的時候。透過分享,我們可以治癒傷痕,防止它影響到後代。

意識

同情

> 創傷不是單純發生在我們身上的事情,
> 而是那些事件導致內心創傷;
> 它通常代表我們內心承受了難以忍受的痛苦,
> 有些孩子甚至必須與父母斷絕關係才能生存。
> 將感覺和身體脫離,是自然賦予我們的一種保護
> 機制,其中蘊含著深刻的智慧。

嘉柏·麥特
(Gabor Maté,1944-)
匈牙利裔加拿大醫生,研究創傷對成癮和精神疾病發展的影響

偉大的事情常在獨處和緘默中發生……

先知和預言家常在孤獨中接受重要的天啟，再將神諭傳達給世人。

耶穌基督受洗後，在曠野獨自度過40天，接受魔鬼的試探，最終通過考驗，返回人間傳教。
特拉普修道會規矩嚴格，修士大部分時間在靜默中度過，讓他們有更多祈禱及與上帝交流的空間。

佛陀 在菩提樹下獨自開悟。

上帝在燃燒的荊棘中向**摩西**顯現，選中他帶領猶太人離開埃及，並且命令他頒布十誡。摩西因為口吃，不願接受這個使命。

> 我一向沒有口才，我就是一個笨口拙舌的人……請差別人去。

> 我會幫你講話，我會告訴你該講什麼。

內在的自由與靈性

我們需要體驗超越個人的存在。

每年有成千上萬人踏上朝聖之路，前往西班牙的聖地亞哥－德孔波斯特拉，展開尋覓自我、探索生命意義的旅程，同時也希望能夠淨化靈魂，治癒心靈的傷口……

> 我們擁有
> 感受天地萬物的能力，
> 對我而言，
> 這是一份珍貴的禮物。
> 從年輕時我就一直在尋找
> 生命的意義，
> 這顆探索的心
> 幫助我找到方向。

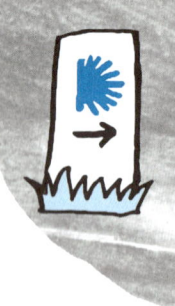

沉默的思秋

10

如何發揮我們的天賦

> 我認為,
> 相信內在力量和自我價值是關鍵;
> 此外,接受自己本來的樣子、
> 捍衛自己的立場也同樣重要。
> 如果一開始不成功,
> 就再試一次、再試一次⋯⋯

「勇氣是恐懼所發出的禱告。」

保羅・科爾賀 Paulo Coelho

即使我對自己缺乏信心，
也要勇敢踏入未知的世界。

我們永遠無法做好完美的準備，
也永遠不會有完美的時機。

自我認知

觀察者自憐 & 客觀的見證人

走出惡性循環的方法
回歸身體＝回歸自我、回歸大地

回到身體裡，我們可以感知現實、接觸真正的自我。

回歸自我有許多方法：

呼吸～歌唱～鼓聲～運動～自然～冥想～祈禱～觸摸……

懷著好奇心探索內在自我，可以讓我們以超然的態度看待自己，

從而成為創造者，而非受害者。

大事始於小處……

什麼能讓我們回歸身體？

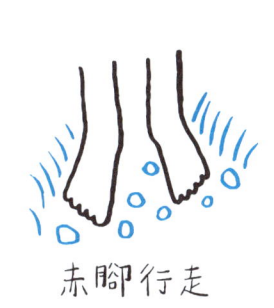

氣味和呼吸　　赤腳行走　　大自然的聲音

什麼能幫助我們?

屬於自己的時間和空間

守住界線

睡覺重生

降低自我要求

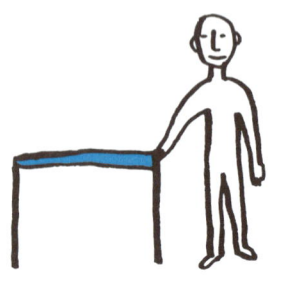

運動

寫作使思路更加清晰

寫作的好處：

~ 整理思緒與情緒

~ 與內心建立良好的連結

~ 幫助身心療癒

> 我從小就喜歡看書，閱讀和寫作幫助我梳理混亂多變的情感和經歷，讓我更容易面對世界。

一場心靈對話的益處

~ 分散我們對混亂、糾葛和焦慮的注意力

~ 讓我們遠離迷惘和孤獨的感覺

~ 他人的觀點和支持非常寶貴

~ 卸下社交面具和完美偽裝，真誠展現自己

~ 感受到真正的親近，明白自己並不孤單

寫作、閱讀、交談……還有什麼對你有幫助？

我們的強項

放慢生活的節奏

從多種角度看待事物

創意作品

有時熱血沸騰

跟宇宙連結

熱情洋溢

尋找你埋藏的寶藏

我們內心深處蘊藏著驚人的寶藏,但同時也有個批評的聲音在阻礙我們,使得發掘這些寶藏的過程既漫長又艱辛。我們常常忽略自己的才能,因為這些才能在我們眼中似乎理所當然、不值一提,甚至不需要特別努力就能做到。與其計較自己的缺點,不如專注於發展自身的優勢。

要挖掘你內心埋藏的寶藏,需要什麼呢?是鎬頭、鏟子,還是刷子?

讚美日常的夢想和猶豫不決

做夢能讓思緒變得更加清晰。一味追求效率、譴責拖延，反而會損害身心健康。偶爾讓思緒放空，更能恢復精神，甚至帶來意想不到的靈感。不過，也不該過度沉迷於社交網絡和虛擬世界。

醞釀白日夢的方式：

~ 平靜地放鬆

~ 隨心所欲地思考

~ 在牆壁、木頭、雲彩的形狀中尋找意象

~ 享受閒散和無聊的空虛，而非與之抗爭

自然規律告訴我們，空白終將被填補，我們可以從這個過程中汲取力量和能量。

捐出我們的盈餘，
而非獻出自己的資源。
不要讓自己失去理智……

枯立圖

我喜歡隨著浪潮，
體驗新事物，
開啟新的篇章……

……也喜歡潛入深處，
探尋隱藏的寶藏。

好想哭

創造力
常常是我們的
一大優勢。

> 喜悅、痛苦，
> 甚至過多的壓力，都可能
> 成為創意活動的動力，
> 但不必要求成果必須是偉
> 大的藝術！

在生命之流中創作

創意活動具有強大的療癒力量,能夠釋放憤怒、情感和累積的緊張,幫助我們度過悲傷,緩解焦慮和抑鬱。它帶來喜悅,讓我們置身於生命的激流中,賦予我們存在的感悟……

逆重 與堅持

只要是對我有意義的事情，
我就願意超越自己，
勇往直前……

敏感族在困難時刻能發揮的力量

我們是社會的良心。儘管有時會感到焦慮和恐懼,但在困難時刻,我們能夠挺身而出、持續成長,成為榜樣。我們脆弱卻充滿韌性,特別是當我們認為正在發生的事情具有意義時。

在危機中,我們保持冷靜。我們忠誠、富有同情心,而且具備創造力、認真負責又堅持不懈。我們追尋更深層次的生命意義,因此也能在困境中發現意義。

治療心靈創傷的良方

~ 即使感到痛苦,也要相信自己的感受

~ 盡量嘗試,設法掌握局面

~ 寫下來、畫出來,或者出門運動、跳舞

~ 找好友傾訴煩惱

~ 對自己抱持同情心和耐心

遇到困難時,不妨祈禱吧!

請讓我完成這本書吧……

什麼對你有幫助?

害羞的結語

我常常被強烈的情緒牽動，所以我會在內心尋找一個固定的支點。以前，這種感受讓我感到無助和孤單；幸好這些年來，我對情緒有了更深的認識和領悟，也更加了解自己。雖然我們無法改變感受和經歷，但我們可以接受它，學習與之共存。現在我不再覺得自己很古怪、與別人不一樣了，雖然有些情況仍然讓我嚇得發抖，但當我需要行動或替自己發聲時，我發現我已經可以做到。

如你所見，我仍在通往自我接納的道路上，一步一步前進……

敏感讓你走得更遠

小時候,由於媽媽獨自撫養我,我們之間的界線逐漸變得模糊,所以我缺乏清晰的自我概念。

當她經歷痛苦時,我會感同身受,渴望把她從悲傷中拯救出來。當然,我做不到。長大後,我依然覺得自己要肩負照顧他人情緒的責任,但我必須謹慎,因為這種同理心有時可能是不健康的。透過學習和治療,我逐漸學會了在「關懷自己」和「支持需要幫助的人」之間找到平衡。小時候,我無能為力,但現在不同了。我銘記著這一點,努力改變過去的習慣。

> 我不斷提醒自己,
> 如果讀者不喜歡這本書,
> 我無能為力,這也不能怪我。
> 況且,這本書就算不完美也無妨。

世界需要我們的理由

我們必須勇敢放飛自我，展現自己的天賦。

社會傳統觀念將敏感和內向視為弱點，因此我們可能一生都不敢展現真正的自己，這種看法亟待改變。我們不需要改變自己，只需要發掘真實的自我，欣賞它，並且展現出來。如果我們無法做到這一點，將對自己和世界造成極大的損失，因為世界會失去我們的觀察力、創造力、洞察力、創意和經驗，而這些能力都能用來解決未來的問題。

這個世界也將失去我們的見識、熱情和同情心……

跳脫刻板印象

每個人都是獨一無二的，無法輕易被分類，世上沒有百分之百的內向者，也沒有百分之百的外向者；每個人的個性都在這兩個極端之間變動。整體來看，人類之所以美麗，正是因為我們有缺陷、我們脆弱、我們不完美……

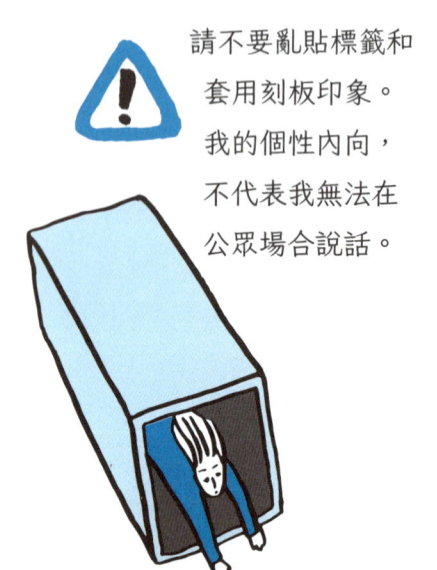

請不要亂貼標籤和套用刻板印象。我的個性內向，不代表我無法在公眾場合說話。

恐懼如此強大，杏仁核這麼渺小

杏仁核掌管我們的恐慌和焦慮，敏感的神經系統則保護我們不受這些情緒的影響。杏仁核和神經系統，會對察覺到的各種威脅和刺激做出反應。停一下，深呼吸，讓自己平靜下來。

接納真實的自我，
接受你的羞愧、不完美和脆弱……
就是現在！

無論發生什麼事，我都能應付！每件事都能教會我一些東西。

我的生活一天比一天輕鬆

一次又一次,不愉快的情緒或懷疑總在毫無預警的時刻襲來。

我仍在努力釐清錯綜複雜的人生,

但我已經越來越擅長面對這樣的挑戰。

回首往事,我發現自己克服了許多困難!

我可能永遠不會成為一個適應力很強的外向者,

但我越來越明白,只要堅持做我自己,

我的敏感和脆弱也能轉化為力量。

我不需要隱藏自己,展現真實的自我不會讓世界崩潰,

我的天賦反而還可能為這個世界增添豐富的色彩。

不斷前行⋯⋯⋯⋯⋯

長襪子皮皮是我小時候讀過的故事書主角，
至今仍然帶給我力量。她從不害怕調皮搗蛋和犯錯！

> 這件事我從未嘗試過，
> 但我相信我能做到。

長襪子皮皮
(Pippi Longstocking, 1945–)
著名的文學角色，喜愛冒險，個性活潑外向

…… 你的旅程是什麼？ ……………………?

推薦書單

Aron, E.: The Highly Sensitive Person. Broadway Books, 1997

Cain, S.: Quiet. Crown, 2013

Cain, S.: Quiet Power. Rocky Pond Books, 2017

Csikszentmihalyi, M.: Flow. Harper & Row, 2008

Eger, E. E.: The Choice. Scribner, 2018

Folman, A., Polonsky, D.: Anne Frank's Diary: The Graphic Adaptation. Pantheon, 2018

Gandhi, M.: Autobiography: The Story of My Experiments with Truth. Dover Publications, 1983

Hyde, M., Mc Ginnes, M.: Jung for beginners. Cambridge, 1992

Jung, C. G.: Psychological Types. CreateSpace, 2018

Lindgren, A.: Pippi Longstocking. Puffin Books, 1988

Loehken, S.: Quiet Impact. Hodder & Stoughton, 2014;

Sand, I.: On Being an Introvert or Highly Sensitive Person. Jessica Kingsley Publishers, 2018

Sís, P.: Nicky & Vera:. Norton Young Readers 2021;

Tung, D.: Quiet Girl in a Noisy World. Andrews McMeel Publishing, 2017;

van der Kolk, B.: The Body Keeps the Score. Penguin Books, 2015.

世界內向日：1月2日

在瘋狂的跨年活動結束後，最適合靜靜地慶祝！

> 有關內向者和敏感者的書籍真的令我大開眼界,讓我在混亂中突然看清了許多事物。我們並不孤單!

帶來靈感的書籍

Aron, Elaine: The Highly Sensitive Person
Cain, Susan: Quiet
Cain, Susan: Bittersweet
Eger, Eva Eger: The Choice: Embrace the Possible
Frankl, Viktor E.: Yes to Life: In Spite of Everything
Sand, Ilse: On Being an Introvert or Highly Sensitive Person
Sand, Ilse: Highly Sensitive People in an Insensitive World
Telgemeier, Raina: Courage
Tung, Debbie: Quiet Girl in a Noisy World

有趣的網站

16personalities.com/cs/ – introvert/extrovert personality MBTI test
ideas.ted.com/quiz-are-you-an-extrovert-introvert-or-ambivert/
susancain.net – website of Susan Cain, test of introversion
hsperson.com – website of Dr Elaine Aron

> 這本書不適合專業人士,因為我不可避免地簡化了某些概念。如果你想深入認識這個主題,可以到上述網站尋找更多想法。

內向者當道

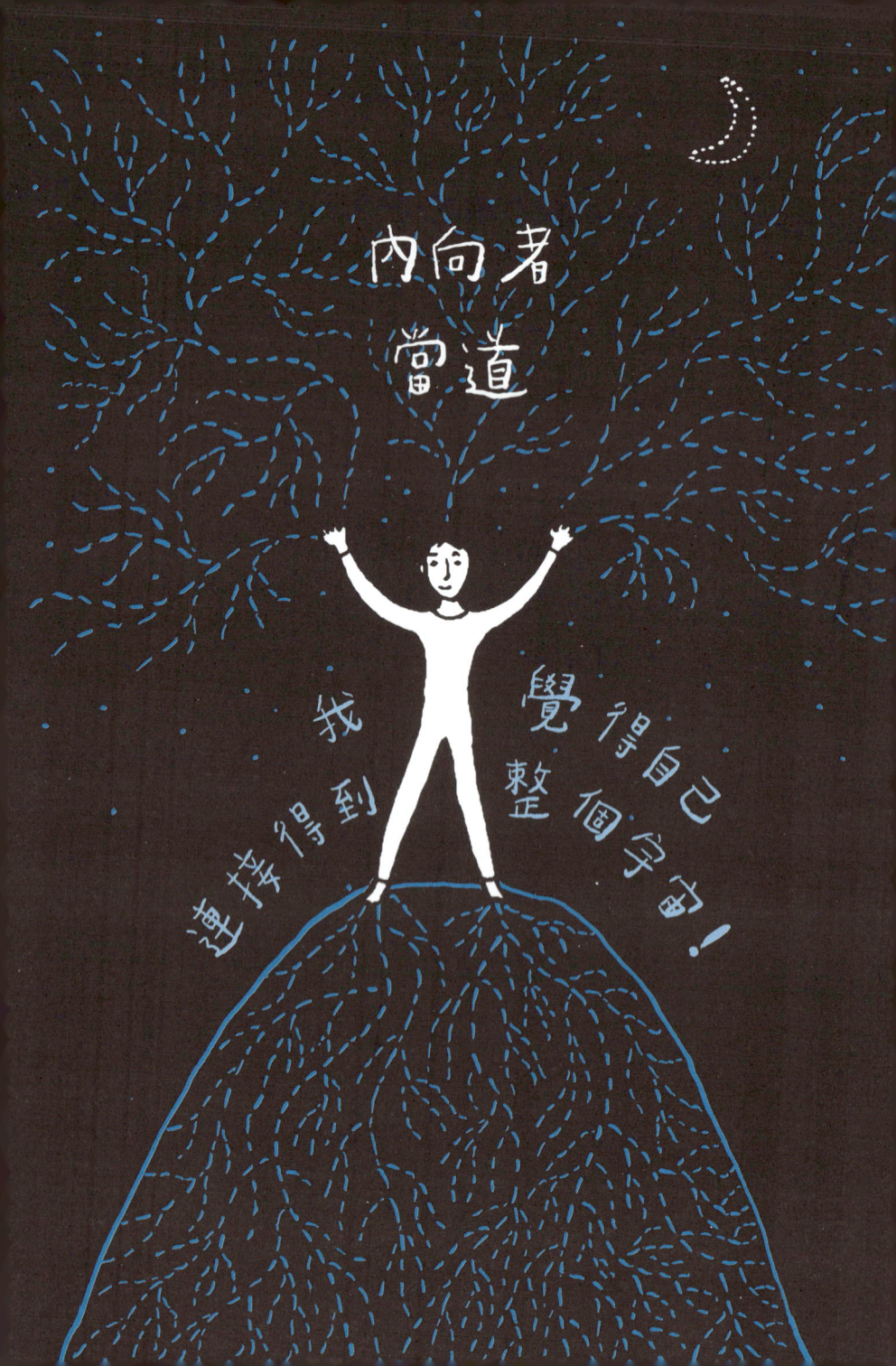

我連接得到整個宇宙，覺得自己！

有助於本書創作的東西……

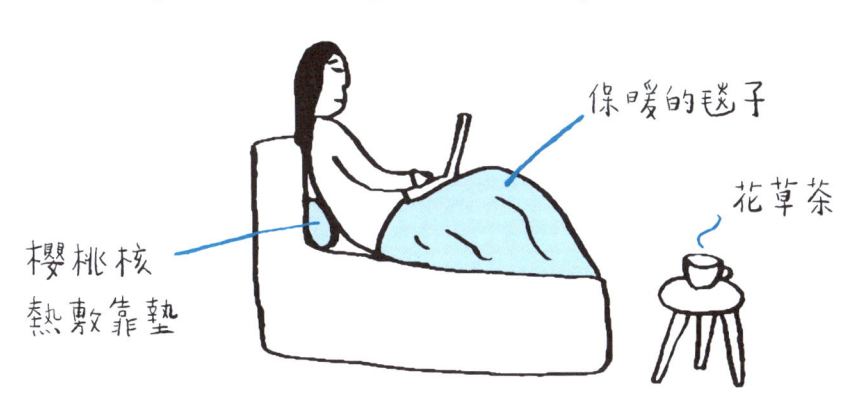

保暖的毯子

花草茶

櫻桃核熱敷靠墊

砰砰砰　叩叩　咚咚咚

對了，別忘了把小房間**上鎖**！

> 願所有人都能找到新的道路、尋回失去的自我、療癒過去的傷痛，並且能鼓起勇氣展現真實的自我和獨特才能，與他人分享……

不要忘了替你的電池充電

免得突然斷電。

警語：偷偷替電池業配